COSMIC GARDEN
Forerunner

The Portal to Cosmic Consciousness

珊卓・安・泰勒(Sandra Anne Taylor) 著
劉永毅 譯

解構前世密碼［新版］

The Hidden Power of Your Past Lives

你可以改變你的人生

在生命這條長河裡，
這一回，我們可以不再隨波逐流

三個具有療癒效果的實作練習，
讓你在自我引導的回溯催眠下，
穿越前世、今生與未來，
主動掌握改變命運的契機，
重新編寫你的生命密碼。

新版序

這本書的重校期間，正好是新冠疫情在台灣爆發的時候。台灣，終究無法自外於這個病毒所帶來的考驗和啓示。這次的病毒就像照妖鏡，一一將世界各國政府的能力與心思現形。

這段期間最常看到、聽到的話題和感慨，大多與疫苗、生命，還有衍生的業力有關。一直以來，許多人對於業有錯誤的認知，以為它是上天的懲罰，是絕對改變不了的因果，或只要對事情抱持置身事外的態度，就可免於業。其實不然。因為業力機制除了是讓人類體會己所不欲，勿施於人的真義外，另一個重要目的就是學習認識並善用自己的力量／選擇權，進而改變人生。對個體來說是改變個人命運，對集體而言，則是國家和地球的命運。

這本新版有許多關於業的正確觀念。簡單來說，業是能量的回返，也是一種學習的機制。因此，這一次沒有做對的，日後或下一世仍會遇到雷同的情境，但為的不是懲罰，而是給人們另一次機會做出能真正代表靈魂與榮耀靈魂的決定。

希望這本書能幫助讀者不再受困於不正確的業力觀念和認知裡。你在每個當下都可以選擇並改變自己的人生。你是有力量的。將力量用在善，並勇於為自己、為良善和公義發聲，這是靈魂的期許，也是避免再困於人世的方式。

二〇二一年六月

園丁

園丁的話

生命充滿了問號。

人的一生到底是被什麼操控？習性是怎麼來的？恐懼又是怎麼來的？面對所謂的命運，到底是該臣服還是勇於克服？究竟什麼時候該放手？什麼時候又該堅持？當理智告訴我們不要做撲火的飛蛾，情感卻常令我們身心不由己。要如何看出一再重複的負面習性和綑綁我們的無意義罪疚感？我們又要如何打破輪迴？

要覺察這些，事實上可能沒有想像中難，就像旁觀者清，學習將自己抽離，就比較容易看清自己的盲點。真正的難是在「打破習性」，在於不再反射性、慣性地以舊模式回應。而這本書提供了具體實用的方法，幫助我們剖析自己，了解細胞記憶和靈魂的感受對於我們這世的微妙影響。

我一直都相信我們是靈性的存在，來到這個三次元的地球創造和體驗，而身體是我們在這個時空的體現工具。這裡，原只是我們無限的靈魂旅程的其中一站，許多靈魂來此後，卻因種種原因被困在地球層面，因著業力的牽引，不斷重回人世體驗與平衡能量。然而，就算是被業力牽引回來，我們都不是人生的受害者，我們還是具有掌握人生與自在生活的能力。而且我們這一路上都不孤單，我們有許多可以運用的資源，包括已被證明有實效性的某些身心療法，還有靈魂界的幫手。只是，沒有任何事是一蹴可幾的，看了再多書，擁有再多知識，如果沒有去實踐，就不會有轉化發生。「知道」與「做到」是兩回事。

這本書的價值在於它提供了探討情緒緣由的方法，並且給了我們重新編寫生命密碼的工具。作者把改變人生的鑰匙放到了你的手上，要不要開啓改變的門，決定，就在於你。

【作者序】解讀前世密碼，療癒你的身心 011

Part1——時間的浪潮 017

第一章 不斷重新出發的旅程 018

*前世今生，一個貫通東西方宗教的議題 020
我藏的那個錢袋，就在這道牆後面／美國第一個輪迴轉世案例／所有人類的肉體都會朽壞，但靈魂不朽

*時間、空間與平行宇宙 025
如果能量不滅為真，為何靈魂不能不滅？／我接觸前世的第一宗案例——一個社交恐懼症的女孩

第二章 造訪永生 034

*瀕臨死亡的那一刻 038
一腳踩在生與死的邊界，前進或回頭？／回魂，行經死亡幽谷

*關於時間與生死的真相 043
死亡後，生命依然繼續／在生與死之間徘徊，關鍵是：你完成今生的任務了嗎？

*時間並非像我們以為的那樣 046
站在現在與過去的十字路口／似曾相識／如果我們的未來已經設定好了……

*回到過去的方式 052

重返現場的回溯催眠／被觸發的相關回憶／那些前世的事——自發性的回憶／夢，不只是個夢／解讀前世

第三章　業力與你的編碼意識　058

＊靈魂的進化，找出你的業力編碼　059
每個人都有獨一無二的專屬編碼／1.強烈的情緒衝擊／2.身體問題和殘暴記憶／3.猝死或暴力死亡

＊共同的業力要一起清除　064

＊業的真實面貌：你擁有一個永恆的靈魂　066
釐清「業」是什麼／業力編碼所攜帶的訊息／業有兩個主要目的

＊試著從靈魂的角度來看待事情　069

Part2——破解你的業力編碼　073

第四章　你的身體是個發電體　074

＊充滿內疚的肺　075
每天準時在凌晨四點十五分驚醒過來……／不解決，同樣的問題還會再回來

＊前世經歷在身體出現信號　081
長年的慢性疾病／過敏、哮喘及其他呼吸問題／斷裂、受傷及手術／嚴重或致命的疾病

第五章 你是誰？他們又是誰？ 092
＊完成一份你自己的業力側寫 093
找出你的個人風格／工作、才華、興趣及副業
＊一切都息息相關 100
家人與朋友／戀愛、忿怒及愛恨

第六章 情感模式會惡性循環 106
＊業（因果）的心理學 109
心情、情緒及性格的模式／上癮／害怕、恐懼症及執著

第七章 業的六個肇因 118
＊靈魂的驅動力，你的渴望獲得滿足了嗎？ 118
1.渴望／2.成長與學習／3.業的重複性／4.業的補償／5.業的「報應」／6.服務

Part3
——釋放過去，療癒現在，解放未來 143

第八章 解構痛苦，重建喜樂 144
＊療癒創傷，撫平身體與心靈的舊記憶 146
放手的藝術／解除舊創傷的力量
＊通往自由之路，擺脫舊創傷的束縛 152

目錄

釋放情緒／釋放需求／釋出錯誤的結論／宣言：用肯定語重建自我

第九章　重新編寫你的生命密碼　159
＊步驟一：覺知源頭、模式，或是今生功課的意義　160
黛安娜的困境
＊步驟二：釋放並重寫負面的經歷、情緒或執著　163
舊模式形成的牢籠困住了你／黛安娜的解決之道
＊步驟三：轉變已編碼的結論，以及業的動機與意圖　166
＊步驟四：從功課中學習，並應用於現在　171
＊改寫受到制約的舊密碼，讓身心重獲自由　172
＊生命的課題　175

第十章　認識你的前世嚮導　179
＊前世嚮導　180
＊接納你的前世嚮導　182
＊主導前世探索的過程：一宗案例研究　188

第十一章　放手去嘗試！　190
＊運氣來來去去，你要常抱感恩之心　191
＊如何使用本書附錄　194

附錄1：聚焦的回溯催眠／附錄2：釋放及重新編寫／
附錄3：前進來世／附錄4：業力療癒的肯定語

＊改變，永遠不遲 208

＊其他的療癒之路 209

能量醫學／能量心理學

＊追求靈魂真相，永不停止腳步 213

＊生命長河如織錦 216

【附錄】

回溯催眠操作手冊 218

＊練習1：焦點回溯催眠 218

＊練習2：釋放及重新編寫 226

＊練習3：前進未來，改寫來世 233

＊練習4：肯定語的應用 237

【作者序】

解讀前世密碼，療癒你的身心

能與你們一起展開這段探索前世的冒險旅程，我感到十分興奮。熟悉我其他著作的讀者，可能會認為這本書與以往大不相同，但情況並非如此，因為我已經教了幾十年的「轉世能量」課程，這個概念雖然看似與我以往著作裡的吸引力和創造命運的主題未盡吻合，但就本質而言，它們都有關聯。

我所有的著作內容都以量子力學在人類經驗的應用為主軸，本書也不例外。輪迴之說雖然看似與科學原理無關，但它相關的能量、意識和時間等元素，對此一主題卻是再適合不過。

多年來，我一直在研究人類覺知及能量等元素是如何影響我們的命運創造。許多概念，譬如「意識創造實相」，以吸引力法則的觀點來看，似乎在因果之間畫出了明晰的關聯。就能量來說，我們目前的生活有許多因素——包括想法、情緒、信念和選擇——

都會影響被我們所吸引而來的人和境遇，而且還不僅於此。

當我在為我最新出版的《顯化之書：瞭解吸引力法則的謊言與真相》一書進行研究時，我意識到，仍然有太多未知事物在影響我們的命運。一些發生在我們身上的困境，看似毫無明顯理由，因此我必須更深入挖掘，好找出答案；我也必須在「吸引力」的議題中提出前世影響的重要性。

當然，並不是我們所遭遇到的所有難題，都可以追本溯源到前世。正如我在《顯化之書》所言，心靈週期、靈魂課題和共享意識，都是很重要的因素。隱藏於我們前世的能量雖然至今仍屬未知，但它無疑地具有強而有力的影響。

由於你的意識在這一世肉體顯現之前就已經存在，你所累積的前世訊息就是命運創造的重要一環。你的現在是你過去的延伸，而隨著每一世，新的資料被陸續編碼到靈魂生命裡。你已把你的業力密碼帶到了這一世，雖然你現在可能不知道其中隱藏的訊息，但它們對此刻所發生的一切，仍是非常重要的影響因素。

然而，現在你再也不會對命運創造的這些因素毫無察覺了。在本書最後的附錄，所有步驟就是為了協助你把前世真相帶進意識，透過釋放那些至今仍揮之不去的情緒與負面結論，療癒並重新編寫你的業力密碼。

我建議你準備一本日誌來探討前世。我會在本書的許多地方提出探索性的問題，你可以在日誌裡寫下答案。在你展開這趟前世探索之旅的過程中，也要隨時把任何印象記錄下來。在床邊放個筆記本也是個好方法，因為一旦你開始這個探索的旅程，你會發現自己在夢中和冥想時，會一點一滴地得到與前世經歷有關的種種訊息。

我教導輪迴課程已近三十年，當初我是因為艾德格．凱西（Edgar Cayce, 1877-1945）而接觸這個領域。他在業力和輪迴主題的作品一直帶給我許多啟發，我從他的解讀獲得許多深具意義的資料。很多人寫信向凱西尋求他的幫助；而當他進入出神狀態時，他也認出了前世創傷在個案生命中所扮演的角色。

我早年多次參加由「艾德格．凱西基金會」旗下的研究和領悟協會（Association for Research and Enlightenment）主辦的研討會。你在本書看到的一些理論，就是在這些研討會提出；許久以前，凱西在為人解讀時就提出了這些假設。我對這些資料心懷感激，對於有意深入鑽研此一迷人主題的讀者，我建議你們閱讀凱西在業力和輪迴方面的相關作品。

我也要在此介紹這本書的兩位夥伴：湯姆．奎斯利（Tom Cratsley）和莎朗．柯林格勒（Sharon A. Klingler）。他們不但為此書貢獻良多，也為我的人生持續提供了無價的協助。

湯姆．奎斯利負責撰寫本書第八章〈解構痛苦，重建喜樂〉，他針對前世創傷，設計了一套很有效果的重建程序。湯姆曾在哈佛大學神學院研讀心理學和宗教，是持有證照的催眠治療師，也是傑出的療癒者。過去十年來，他在紐約州卡薩達加（Cassadaga）的靈療及預言心靈學校基金會擔任副主任。若要連絡湯姆，可至紐約州莉莉岱爾（Lily Dale）的和諧屋（Harmony House）或透過 www.tomcratsley.com 網站連繫。

莎朗・柯林格勒負責撰寫第十章的〈認識你的前世嚮導〉。她是國際知名的靈媒和老師，著有多本與靈魂連結有關的書籍和有聲教材。你們可以透過 www.starbringerassociates.com 網站與莎朗取得連繫。

此外，我還想感謝唐娜・伊頓（Donna Eden）和大衛・范士丹（David Feinstein），我在第十一章參考了他們兩位的著作。在我研究清除前世密碼的一些有效工具時，我發現能量醫學和情緒釋放技巧（Emotional Freedom Technique, EFT）提供了顯著的協助。你可以從 www.innersource.net 網站對這些專家和他們所教授的技巧獲得更多了解。

未來的「業」

除了找出前世與今生的關聯之外，檢視你現在的抉擇會如何影響未來也同樣有趣。我建議你在閱讀本書時，將這點謹記在心。你的明智選擇，能夠為你帶來更寬廣和自由的未來，使你免去討厭和不需要的阻礙，而這樣的改變有可能會立即且戲劇性發生！

這讓我想起一件跟這個議題有關的趣事。有一回，我兒子開車載我出門，在車上，我請他打開空調，好減輕我最近開始產生的躁熱。

他說：「妳在開玩笑嗎？外面很冷耶！」

我回答：「你最好對我有點同情心，要不然，下一次你會因為需要知道這是什麼樣的感覺，轉世回來做個女人。」

「我絕對不會轉世做女人的！」他宣稱。然後，他停了一下，看著我。過了一會兒，他斜過身子，將空調打開——以防萬一！

這個輕鬆的小故事，揭露了一個深刻的事實。我們所做的一切，都是我們的選擇——**我們的愛和拒絕去愛，我們的耐心和嚴苛——都是人生編碼的材料。每個重要的人際關係也是如此**。我們全都相互連結，這個連結無疑是指能量而言，並且常透過業力而作用。發現我們前世的連結是如何在此生進行，而現在的一舉一動又會如何為來生提供素材，真是引人入勝。

我們的幸福，以及這世和來世的命運，值得我們現在付出時間與努力去探索被編碼的意識，並發現可能隱藏在其中的訊息。

也請記得，「業力」並非影響今生所有一切的唯一因素。我在《成功的祕密》

（*Secrets of Success*）一書，提出了心理和靈性因素對創造命運的影響；在《量子物理與宇宙法則——量子成功的科學》（*Quantum success*）談到了事業和金錢的吸引力法則；在《吸引力的祕密》（*Secrets of Attraction*）一書則探討吸引愛情的元素。至於本書的意圖，則在於闡明來自前世的編碼能量如何在你毫無覺察的情況下，影響你人生的各個層面。

透過我在書裡敘述的許多案例，包括我自己和個案的故事，可以明顯看出，我們所不知道的前世經歷，確實隱藏著一股力量。本書個案的姓名都已更改，但所有故事都是真實的。在每個案例中，探究前世意義的行動也為個案的人生帶來了轉化。

你也同樣可以破解至今仍隱藏的前世訊息，而你探索的渴望，將引導你走向療癒之途，幫助你對自己所做的一切有更深入的了解，並且以更有力量的方式去行動。與其一直被動回應命運，我們可以努力去理解它的意義。

過去和現在，在意識密碼的織錦裡緊密交織。一旦我們開始去探究生命織錦的色彩與模式，就能解開問題，找到一直以來所尋找的意義、療癒和滿足感。

Part 1
時間的浪潮

如果時間只是另一個維度，那麼整個宇宙的歷史，
從頭到尾都是沿著這條時間線展開的。
過去還在，未來亦然。
人類對於永恆似乎是朝向未來方向前進的認知，
其實是個錯覺，
那完全不是這個世界運作的方式。

——尼克．賀伯特（Nick Herbert），
《量子實相》（*Quantum Reality*）

第一章　不斷重新出發的旅程

當你死亡時，你認為會發生什麼事？你是否認為，你的肉體會化為塵土，而聰慧、充滿創造力的你，就此停止存在？或許你相信，你的靈魂依然繼續——只是恆久存在於被稱為天堂和地獄的神祕所在。也或許，有另一種可能——一個會很合理的可能！

輪迴轉世的理論，不但載之於冊，經過數千年來的探討，也廣被世人接受——尤其是在許多宗教信仰起源地的東方。然而，西方世界對這方面的討論卻遠遠落後。雖然很多人仍偏向於不接受輪迴，但趨勢在改變中，而現在的統計數字也顯示，已有數百萬計的西方人士接受了輪迴的觀念。

如果你對前世的可能性有過好奇，請花點時間想想以下的問題：

＊你曾對初次見面的人有過似曾相識的感覺嗎？

＊你是否天生就擁有某種才華——也許是運動、語言或音樂——你一學就會，連自

己都很訝異？

＊你覺得你對待伴侶的方式不像夫妻，反而較像父親或母親？

＊你老是遇到同樣的阻礙——或同類型的人？

＊你曾經剛到一個陌生的地方，卻馬上有種很熟悉的感覺？

＊你曾對某種食物、場所或某個人，立刻有種莫名的厭惡或反感？

＊你沉迷於某種東西或甚至迷戀某人——有一種難以擺脫的癮？

＊你曾對某個人一見鍾情？

如果你對上列任一問題的回答是「是」，原因很可能會在前世的經歷找到。對一個剛認識的人或地方有熟悉和親切感，很可能是因為你對存在於你永恆意識深處的記憶產生了共鳴。個人與生俱來的天賦才華，則可能是前世技藝在今生開花結果。無可抗拒的深刻吸引力，很可能指向前世一段奔放的戀情。對事物沉迷或上癮，則可能源自久遠前的問題與模式。

前世今生，一個貫通東西方宗教的議題

你的靈魂是永恆的；你的靈魂不會死亡，它只是轉化罷了。靈魂渴望體驗生命、表達自我，並在物質世界裡與其他靈魂連結。透過這種種經驗，你形成眷戀／執著。各種關係隨著時日進展，而性格也發展出各式各樣的行為及感情模式。

你的本質是永恆的意識，你不斷累積的每一世經驗為你的個人道路建立起特定方向。因此，探究過去對於了解你的現在並重新引導未來，會有相當大的幫助。

探索自我的過程樂趣無窮，而你從中得到的訊息（包括邏輯與情感上的）都會非常具啟發性。我將在書裡討論我個人的一些例子，但現在，先讓我們來看看一些載之於歷史的紀錄。

我藏的那個錢袋，就在這道牆後面

這個奇妙事件的記載，首見於《紐約時報》記者威廉・希布魯克（William Seabrook）在一九二七年出版的《阿拉伯探險記》（*Adventures in Arabia*）。奈吉布・阿布・法瑞（Najib Abu Faray）是成長於黎巴嫩山區的男孩，他是回教德魯茲教派（Druze）的信徒。二十歲那年，他被帶到敘利亞的德魯茲山（Djebel Druze）之前，從不曾離開過家

鄉。他一到德魯茲山，馬上認出了一切。前世記憶讓他知道這個地方，他並聲稱這裡是他的村莊。他直接走向一棟房子（他記得他就住在那裡），並指出他在牆壁後的藏錢地點。當磚塊被一一拆除，那袋錢果真就在那兒。

這個男孩發現，他以前的名字是曼蘇爾．安特許（Mansour Atrash），他還認出了許多他在轉世之前的親友。當時，安特許家的葡萄園正為了地界問題而起了糾紛，他卻能清楚記起他在身為曼蘇爾．安特許那世時的地界位置。由於他提出了許多對前世身分的精確證明，他的證詞獲得布魯茲法院接受，地界爭議也根據他的前世記憶重新劃定而塵埃落定。

法瑞受到安特許家族的熱烈歡迎，在他造訪期間，他還發現了一項驚人的事實：奈吉布．阿布．法瑞出生的時間，與曼蘇爾．安特許二十年前的死亡時間不謀而合。顯而易見的，法瑞的靈魂在當時就立刻返回人間，並投生在一個屬於同樣文化，卻遠在數百哩外的家庭。

美國第一個輪迴轉世案例

在美國，第一件為大眾所知的輪迴轉世案例，就是布蕊迪．墨菲（Bridey Murphy）。一九五〇年代早期，有一位年輕女子維琴尼亞．泰（Virginia Tighe）——在公開的紀錄裡，她被稱為露絲・賽門斯（Ruth Simmons）——為了憶起童年往事而接受催眠。雖然回溯的目的是喚醒早年記憶，但維琴尼亞的體驗卻不僅於此，她回到了任何人都不曾預期的遙遠時空。

在回溯催眠時，維琴尼亞忽然開始以愛爾蘭口音說話，敘述她被稱為布蕊迪・墨菲的一生。她談到了幾項細節，包括這名女子就讀的學校、丈夫的名字，以及公公的名字和職業。她還提供了有關十九世紀中期愛爾蘭常見的生活方式、食物及音樂等等資訊。她並一一指出曾與她有往來的人，像是她的雜貨商，以及她居住的庫克區（Cork）一些特定地點。

後來的探究顯示，維琴尼亞所「記得」的許多事都可以獲得印證，包括雜貨商的名字和她公公的職業。此外，她在回溯催眠時所使用的語彙和術語也被證明是正確的。

有些人否定前世記憶的存在，認為維琴尼亞有很多方法可以獲得這些資料。對於這個奇妙案例的討論，正反兩方的意見可參閱一九五六年莫瑞・伯恩斯坦（Morey Bernstein）所出版的《尋找布蕊迪・莫菲》（*The Search for Bridey Murphy*）一書。

雖然當時世上許多地方都已普遍接受輪迴的思想，但對美國人來說，這還是個新觀念，因此那本書在美國造成了很大的轟動。人們驚訝地發現世上有這麼多宗教和哲學都支持輪迴理論。事實上，它甚至還出現在《聖經》裡。

所有人類的肉體都會朽壞，但靈魂不朽

舊約聖經預言了以利亞（Elijah，亦稱Elias）會在彌賽亞[1]降臨之前回來做好準備，意味著他將會在救世主到來時重生。耶穌預言先知重生的部分，見於〈馬太福音〉第十七章十至十三節。

門徒問耶穌：「文士為什麼說以利亞必須先來？」

耶穌回答：「以利亞固然先來，並要復興萬事；只是我告訴你們，以利亞已經來了，人卻不認識他，竟任意待他。人子也將要這樣受他們的害。」

門徒這才明白耶穌所說的是指施洗者約翰。

而在〈馬太福音〉第十一章的一些內容中，耶穌也指名施洗者約翰，並特別說明他就是以利亞的轉世。

他們走的時候，耶穌就對眾人講論約翰：你們從前出到曠野是要看什麼呢？要看風

1 即救世主耶穌。

吹動的蘆葦嗎？……

你們出去究竟是為什麼？要看先知嗎？我告訴你們，是的，他比先知大多了。經上記著說：我要差遣我的使者在你前面預備道路。所說的就是這個人。

你們若肯領受，這人就是那應當來的以利亞。

有耳可聽的，就應當聽！

這兩段摘錄自《聖經》的章節，意思十分清楚。耶穌談到數百年前的先知以利亞重新回到塵世；而在這些章節中，他很清楚地指認施洗者約翰就是以利亞先知的轉世，前來為彌賽亞準備好道路。

耶穌談到輪迴可能會讓一些人感到驚訝，但根據西元一世紀時著名的猶太裔歷史學家富萊魏斯·喬瑟福士（Flavius Josephus）的說法，在當時的猶太人當中，這個觀念其實相當普遍。他對那段時期的生活方式、政治及哲學知之甚詳，他寫道：

所有人類的肉體都會朽壞……但靈魂不朽……遵從神旨的純潔靈魂會住在天國諸宮殿的最底層，而且隨著時間推移，他們會再次被送走，進駐清白的肉體……

時間、空間與平行宇宙

從古老的世界來到現代的物理學，顯然地，我們知道得越多，就越意識到有許多事物有待我們去發掘。宇宙大部分是由未知的能量與未知的物質（稱為暗區與暗物質）[2]所組成，此一事實就是我們仍有太多東西要學習的一個指標。因此，當我們在探討人類與這個遼闊的能量世界之間的關聯時，保持開放心態是明智之舉。

在近代量子物理學的範疇裡，有一個被稱為「M理論[3]」的觀念，它指出宇宙有十一個維度，而第十一個維度就是難以計數的平行宇宙存在的地方。這些存在於振動薄膜上的宇宙，能夠相互連接和交錯。因此，我們可以想像，在這些鄰近的薄膜上儲存了無限數量的前世事件與來生可能性的訊息。

這些薄膜就是所有宇宙的家、神祕領域的根源，有些科學家說它們就近在咫尺！雖然我們無法看到，或甚至無法以現有的方式真正地感知，但它們卻在一個未知的維度裡

2 dark matter，暗物質是是一種尚未偵測到的粒子，目前還不知道其形式或性質，我們之所以知道這些物質的存在，是因為它們的重力效應。

3 M理論（M-theory）的M最初是指薄膜（membrane），此理論認為物理世界有十一個維度，人類宇宙並非唯一，此理論可用來證明多元宇宙的存在可能。

維持著多個實相。

對我們的個人經驗來說，這代表了什麼？它意味著那些看來似乎清楚、真實以及可預期的事，可能完全不是那麼回事。實相，並不限於我們身體感知所能辨識和定義的事物。我們或許無法察覺無限的可能事件，但要對其他的實相有所覺知是可能的。由於時間具有奇特且可延展的本質，我們因此完全有可能在其他的薄膜上，瞥見過去或未來的事件。

在這樣的情境下，我們的意識很可能可以從一個薄膜跳到另一個薄膜，然後再回到現在的振動和經驗。這相當於人類的「量子躍進」（quantum leap）。近幾年來，這個名詞被用來隱喻許多不同形式的轉變和轉型，但它原本是用來形容電子從一個環繞原子核的軌道隨機跳躍到另一個軌道。這樣的隱喻十分貼切，因為以我們的意識去造訪其他時空，並帶著那些事件的記憶回來，是全然可能的事。

最主要的是，我們的覺知雖然是圍繞著我們現在這一世的軌道運轉，但我們或許可以跳到另一世的軌道，收集那裡的資訊，然後帶回來詳細檢視它跟我們現世生活的關聯與重要性。這樣的探索，可以為這一世的事件和情感帶來極大的不同。事實上，清理業力的影響能夠改變一切！

有人認為，人口的增加是業力和輪迴不可能為真的證明。因為，如果過去的靈魂那麼少，現在哪來這麼多人？

但我們必須了解的是，地球並不是靈魂體驗生活的唯一地方。新到者通常來自其他的存在層面。許多人也相信，靈魂在進化時，可能會選擇分裂並進入一個以上的肉體，如此便能擁有更多的體驗，達到更多的成果。這聽起來可能有點奇怪，但就我們擁有的永恆力量而言，沒有什麼是不可能的。

如果能量不滅為真，為何靈魂不能不滅？

當我們以科學角度來思考能量和物質時，生命的持續性其實再合理不過了。我們都知道能量不滅定律，而物質也會不斷轉換。如果這個說法在宇宙層次是事實，為什麼放在我們個人的肉體和生命時就不是呢？

輪迴也可以解釋許多未能解答的問題。比如說，我們很難了解為什麼有些人似乎比其他人遭受到更多苦難。或許，答案並不像許多人想的那麼隨機——或許我們所認知的「苦難」只是能量的回返，是重新了解在前世時對某種事物未能全盤理解的一個機會。

對某些人來說，無法解釋的苦難，可能是上帝任性、粗心的作為；但當我們了解業力能量與靈魂課題的細微差異後，事情就會開始變得清楚多了。我雖然不相信這世的困境是業力懲罰的一種形式，但我相信現世的問題可以回溯到過去。

輪迴也可以解釋本章開頭所列問題的所有現象：對初次謀面的人卻有認識已久的熟悉感；超乎尋常的天賦——可能是音樂、藝術、數學、語言或運動方面的才華；一見鍾情；無法抗拒的吸引力，或無法放下一段感情；沉迷與上癮；體重問題；幽閉恐懼症；先天缺陷；過敏；以及性偏好等等。所有這些問題雖然也可能有現世的解釋，但若從靈魂永生的觀點來看，我們將會有更透徹的了解，而且一切也更為合理。

前世的影響，也可能是吸引力法則的一個強大隱性要素。近年來，人們熱中於探討他們如何以及為何會吸引某些特定事物；最近大家也在好奇，是什麼妨礙了他們人生的道路。雖說並非所有障礙都是業力所致，但看到那麼多人透過處理前世問題而轉變了他們現有的困境，我還是覺得很不可思議。

我接觸前世的第一宗案例——一個社交恐懼症的女孩

執業二十五年，我在心理醫生的生涯中，對前世的力量越來越信服。當我在某些療程中進行回溯催眠，以便對個案年輕時的細節有更多了解時，他們卻自發性地回到更遙遠的時空。這些個案在沒有意圖、沒有接受指示，以及沒有任何期望的情況下，自動回到了前世。

這個情形不僅是有趣而已，對於治療，也有很大的幫助。我會發現這點，是在某次的催眠療程時，首次親眼見到個案自發性地回溯前世的現象。我接受過許多類型的催眠訓練，經常在個案不記得早年事件的情況下使用催眠。對那些有著不愉快童年生活的人來說，他們常會對幼兒期，甚至前青春期有失憶現象。這通常是他們不願去記起傷心往事時的一種自我保護功能。

這也是瑪辛來找我治療嚴重的社交恐懼症時的情形。她那時大約十五歲，至少已經有四年沒去上學了（事實上，應該說她沒出過門）。她對人有恐懼感，害怕被品頭論足，也害怕在大眾面前表現出焦慮。

由於她對七歲前的記憶是一片空白，因此我想或許在她的童年有些片段可以對她的問題根源提供具體資料。然後，這些資料可以幫助我們反轉她的恐懼。

回溯才剛開始，瑪辛立刻開始描述她坐在階梯上：「那些階梯很大，是在一座有個大圓頂的大教堂前面。」

她繼續說：「這真奇怪——怎麼會這樣呢？我在這裡竟然比較老。我怎麼會比我現在的年齡要大？我不知道怎麼會這樣，但這就是我看到的。」我告訴她，繼續告訴我她看到的畫面，並且描述她和周遭的情況。

她在那世因為有嚴重的肢體殘障而無法工作。為了養活自己，她以乞討維生，在階梯上等待做禮拜的人離開教堂時的施捨；她寄望著他們會憐憫她。

她這麼形容：「他們從教堂裡出來，卻在嘲笑我。有個戴著高帽子的男人踩著我，他很生氣，踢我的腳，叫我不要擋路，並且說我是個討厭鬼。」

此時，瑪辛開始哭了起來，哀嘆她的處境，以及人們是如何惡劣地對待她。當這些記憶開始湧現，我請她描述感受，讓我知道她所接收到的細節。她敘述，她感到既羞愧又無助。她說她就住在附近，並描述那座圓頂教堂前的街道和她居住的地區——但她並不知道自己是在哪裡。現世的她是個來自克里夫蘭的十五歲少女，因為焦慮而許多年幾乎不曾離開家門。儘管如此，她還是能夠很詳盡地敘述這個陌生的地方。

聽她的描述，我覺得我知道她講的是哪座教堂。雖然我沒有跟她說，但我相信，她是坐在英國倫敦聖保羅大教堂的階梯上。

在她脫離催眠狀態後，我要她在床邊放一本日誌，以便隨時記下她可能在夢中得到的更多影像或資料。我們約了下週再見，我還告訴她，屆時我會準備不同教堂的照片，說不定其中一張會讓她想起什麼或激發她更多的記憶。

我準備了七張照片，從知名的教堂（如巴黎聖心堂、紐約的聖派翠克大教堂）到鄉間的無名小教堂，還有一間清真寺和一所猶太教聚會所。我拿給她看的最後一張照片，就是英國倫敦的聖保羅大教堂。

瑪辛一看到那張照片，就大喊：「就是它！那就是我住的地方，我乞討的地方。大家對我很壞——就是在那裡，我就是坐在那些階梯上。」

我們慢慢剝去隱藏在她恐懼症下的層層外衣，揭露了種種情緒，也解讀了資料。瑪辛曾經被踢打，被殘忍地對待、欺負，甚至被輕蔑。她覺得自己毫無價值，也無力去隱藏她的殘疾和羞愧。這些感覺是如此鮮明，於是很自然地被深深編碼在她的意識裡，並帶到這一世來療癒。而她帶到這一世的，不僅是害怕被品頭論足，她也相信，她必須保護自己，與人群隔離。

於是我們回到前世，釋放那些有害的論斷。我們也重新編寫了情境，這是一種反轉事件的處理程序（參見第十一章的說明）。我們使用了大量的認知重建技巧，以修正瑪辛現在的想法，並讓她的自尊認知到真相。此外，我們也使用放鬆療法和系統減敏法[4]，好讓她循序漸進地接觸社會，重新訓練她在人群中維持自在程度的能力。

這些過程雖然花了些時間，但瑪辛漸漸能夠出門並開始工作；她取得了同等學力證書，過著健康、快樂的生活。然而，如果我們只使用傳統技巧，像是減敏訓練、認知和放鬆療法，我不確定是否能得到如此全面的康復效果。雖然我催眠時的意圖並不是回溯

4 Systematic desensitization，所謂系統減敏法是一種行為療法的技巧，運用古典制約的交互抑制理論，慢慢誘導求治者暴露出導致焦慮、恐懼的情境，以便建立新行為。

前世，但幸運的是，她的前世資料自動浮現。

瑪辛大大鬆了一口氣，從以往的束縛中解脫了。光是知道以前的事，她就已經不再那麼焦慮。這個前世經歷在她的內心引起共鳴，也回答了許多疑問。由於瑪辛一直以來都很焦慮，她想知道自己為何如此，還因此覺得自己有問題。

她最初的來意並不是要回溯前世，在這件事發生之前，她也不相信輪迴。但這個經歷是如此真實，對她的個人進展如此重要，她不可能忽視，而且也不由得她不信。事實上，這個催眠經驗在治療過程中對她幫助很大，她對於其他前世可能隱藏著什麼資訊也很感興趣。

對從事臨床工作多年的我來說，這也是個全新的經驗。雖然我對輪迴之說已經有興趣一段時間了，但我從來不覺得將它應用在療程會是合宜之舉。無論如何，我確實修改了我在進行催眠治療時的誘導技巧，以便能開啟類似自發事件的可能性。我決定讓靈魂來帶路——不是聚焦於前世，而是讓它依自己的步調來發生。

在我首次意外地與瑪辛回溯到前世事件後約一年，我讀到當時的一本新書——魏斯醫師（Brian L. Weiss）所著的《前世今生：生命輪迴的前世療法》（*Many Lives, Many Masters*）。魏斯醫師是位充滿勇氣的心理醫生，他自己也曾經進入某些自發性的回溯催眠狀態。他深具啟發和開創性的這本著作，為許多認真的治療師打開了一扇門，使他們對人類意識的這個層面有更深入的了解。從那時起，我會跟個案推薦這本書，介紹他們認識前世的影響，並在他們的療程中進行相關的探討。

我在本書將會陸續談到一些案例和本身的經驗，但此刻，我只要求你對輪迴的可能性開放你的心。對我來說，輪迴不僅是理論，一旦你接受了這些資料，並對這個重要觀念越來越感自在的時候，我相信你也會發現，它對你有更多的意義。

事實上，在你閱讀本書時，你可能會發現自己正穿越肉眼看不見的門戶，進入了自己的前世。你將會瞥見你以前的身分，感受到湧現的情緒，並且開始了解為什麼你會在現世經歷某些特定的模式和事件。而一旦這些原因變得清楚，你會更容易突破現有的阻礙，進行渴望已久的改變。你以前認為無法移除的障礙會順利被解除，使你到達一個更寧靜平和及豐饒富足的境界，而那是你不曾想像過的。

第二章

造訪永生

永生……無盡的時間！它是一種振動，由難以界定的實相所發出；它是永不止息的訊息之地裡，一塊充滿無限可能性的廣闊領域。雖然永恆可能充滿變化且難以描述，但我們都曾造訪斯土——而且比我們所知道的更頻繁。能夠到達這些振動門戶的通道無所不在，包括我們的夢。

事實上，我第一次意識到這個有趣的領域，是在我大約十七歲時所做的夢，那個夢很生動真實且細膩詳盡。即使到了今天，我依然記得每個細節——部分原因是它實在太特別了，而另一個原因，是因為我把它寫在日記裡，並且幾乎告訴了我所認識的每一個人。這個夢有趣又不尋常，它改變了我的人生，並引導我踏上一條全新的路徑。以下就是在那個夢境裡發生的事：

有個看來像是僧侶的男子，穿著一件繫有腰帶的褐色袍子，來到我面前，他說：

「我有東西要給妳看。跟我來。」

他握住我的手，我們沿著一條長路行走——或者該說那條路是在我們的下方。當我們往前行進時，路的兩旁不時有朦朧的光和色彩。

我問那名男子要帶我到哪裡，他說：「去時間不存在的地方。」

瞬間，我們來到了一個只是由光和色彩組成的地方。我們停了下來，望向四處，僧侶說：「這裡就是人們肉身死亡後前往的地方，這裡是靈魂的處所。」

這個空間似乎無邊無際。我往各個方向看去，到處都充滿了光。

當我更進一步檢視，我看到數不清的獨立光柱。有些光柱正從一處移到另一處；有些光柱的振動頻率和其他的不同，亮度更亮或範圍更廣。我甚至聽到遠處傳來沒有旋律、只有音符與和弦的奇怪音樂，然而卻有一種和諧感。

我問僧侶那些光柱在做什麼？僧侶說：「它們就是做必須做的事，不論是在這裡或其他地方。」

這裡有活動頻繁的能量，但也非常平和。沉浸在這個美麗的振動一會兒後，僧侶說：「還有一個靈魂的處所，妳必須去看看。」

我們穿過這個光輝與和諧的地方，來到另一個次元，那裡的光柱看起來更清晰鮮明。我甚至看到每個光柱上面似乎有像人頭的球狀物。這裡的感覺雖然類似剛才那個地方，但沒有那麼遼闊，然而我還是無法看到左右兩邊的盡頭。這裡沒有音樂，但我彷彿聽到無數的低語聲。這裡的光似乎都聚集成群，並且相互交談，但我知道，它們並不是在實際的談話——我的耳朵也沒聽到任何實質的聲音。那更像是某種心領神會，是從心裡聽到的聲音。

僧侶說：「這裡是靈魂在轉世投胎前的聚集地。他們正在決定下一世彼此之間的關係。」他接著告訴我，我們都會回到地球，通常是和我們曾經在一起的那些人，而我們在一起是有重要的目的。

我們向其中一個聚集的團體靠近，我可以明顯感覺到，有一股愛的能量將所有的光柱連結在一起。我「聽到」各種冒險和美好時光的計畫，也聽到他們談到未來的有趣課題和挑戰。然而他們沒有恐懼，也沒有憤怒、怨恨或不安，只有一種與彼此互動的意願，以及迎向另一次機會的興奮之情。

「我們給彼此一些功課。」僧侶說：「這是讓每個靈魂都能進化得更偉大的計畫的一部分。」

我的這位靈界友人，接著帶我去其他美麗且充滿各色明亮光球的地方。他稱這些光為「更高的存在」，雖然他沒有開口這麼說，但我把他們視為天使和非常古老、睿智的靈魂——現在我會稱這些人為揚升大師[1]。這些光體所散發出的愛與創造力，深深感動了我，我有種再也不會孤單無依的感覺。

接著，我們回到了人們在轉世投胎前的聚集處，停下腳步聆聽許多團體之間的對話。我聽到靈魂回憶他們的前世，討論著這一次轉世所必須學習的東西。每個團體都有一種深刻的情誼，縱使有些細節顯示，回到地球層面的他們可能會互有敵意。

觀察了幾個團體之後，僧人說該是回去的時候了。當他的話一說出，我們瞬間就回到最初開始這段旅程的地方。

我問：「你為什麼要讓我看到這些？」

他回答：「妳必須知道這些事。這對妳來說非常重要，而且現在妳也應該開始妳的旅程了。」

接著，僧侶消失，我也從夢中驚醒。我立刻將發生的一切寫了下來。

這個夢境對我來說非常真實，即使看似不可能，但它確實如我所描述的發生了。我看到並感受到光的能量，那些訊息雖然對當時的我來說有點奇怪，但我絕對相信，那位

1 Ascended Masters，揚升大師是各種文化傳統中重要的靈性導師、他們是天界與地球的傳訊者，為人們帶來靈性的智慧洞見。

慈悲的靈魂向我揭示的都是真相。

這次經驗代表了我的一次重大轉變。我一直都是讀天主教學校，對那天晚上的經歷完全沒有準備。對我來說，輪迴一直只是個模糊的概念，我被告知那是屬於遠方陌生國家尚未開化的觀念。因此，我得問問自己：「**這個夢的意義是什麼？**」

我知道它一定有個目的，這個目的和我在這裡的原因息息相關。那晚之後，我開始閱讀所有我能找到的有關轉世的理論。我參加了我的第一堂冥想課，而它為我開啟了一個充滿平和、寧靜與啟示的全新世界。

透過前世經驗學習，這個概念實在很有道理。當我後來研究了能量物理和時間，為什麼這是合理及意義重大的過程就變得更清楚了。接著，我在幾年後體驗到第一次的前世回溯，我的生命拼圖也因此開始就位。

瀕臨死亡的那一刻

自從那名「僧侶」帶我進行了那趟令人驚奇的旅程後，透過夢和回溯，我曾經多次造訪那些永生之地。而這其中最令人信服並改變我人生的事件，就是我曾有過的瀕臨死亡經驗。

我的父親在幾年前過世了，我因為無法接受和面對，免疫系統受到很大的傷害。我罹患的病症——一般變易性免疫缺乏症（Common Variable Immune Deficiency）讓我很容易就受到感染，有些感染會使人身體虛弱，甚至致命。有長達六個月的時間，我因為一種可怕的病毒而導致肺炎，氣喘和鼻竇問題也一直困擾著我。

當時狀況很嚴重，但我沒意識到，這跟我放不下父親過世的悲傷與憤怒有關。在我最近出版的《顯化之書》裡，我寫到，為了保持身心健康，並且散發一種磁性、真正具吸引力的生命力能量，我們必須釋放深埋於內心那些令你難受的情緒。如果你認為忽視這些難熬的經驗會使你的能量更正面，那你最好再想想。我因為如此，而幾乎沒了命。

由於不斷發作的支氣管炎，我當時認為自己最好取消去倫敦參加會議的行程。然而，在預定出發的前幾週，我的身體好了很多，而醫生也說，我可以按照原定計畫進行。

在飛機穿越大西洋上空的途中，我注意到我的呼吸越來越吃力。當抵達倫敦的旅館時，我已經呼吸困難了。我服用了所有的藥，但似乎沒太大幫助。我當時想，如果能喝點熱茶，然後泡個熱水澡，應該會覺得好些。於是，我在浴缸放了滿滿的熱水，確信胸部可以完全浸在水裡。

這個方法雖然在過去對我有效，但我還是覺得不舒服，而且情況似乎越來越糟。我的呼吸非常淺促，感覺上根本沒有吸到任何空氣。從浴缸對面的鏡子裡，我看到自己的臉，發現嘴唇已經開始變紫。在那一刻，我忽然意識到，我可能會死。我試著從浴缸出來求救，但根本沒有足夠的力氣坐起來。

當時我的第一個念頭是：「我不能讓自己死在離家人這麼遠的異鄉。」但在我試圖呼吸卻徒勞無用時，我終於放棄了，心想，如果我的命運就是要客死異鄉，我也只好接受了。

一腳踩在生與死的邊界，前進或回頭？

就在我放棄抗拒的瞬間，我覺得我的生命力穿過我頭頂上的頂輪（人體共有七個主要脈輪，頂輪位於頭頂中央）。我快速穿越了一大片黑色場域，朝向遠處一個針尖大小的亮光而去。我記得我還在自言自語說那不像大多數人描述的是個黑暗隧道，它是片寬闊的黑色區域。就在我環顧四處時，我看到我的兩側都有光體朝著同樣的方向，對著他們自己的光點目標加速奔去。我記得自己在想：「**噢！他們一定也死掉了！**」

只不過一下子的工夫，我就發現自己置身在一個美麗又明亮的空間，站在波光粼粼的河流一側的岸上。當我開始注意身邊景色時，發現到站在我左邊的，正是二十多年前在夢中帶領我到轉世之地的指導靈。我們就像當時那樣溝通——透過思想，而非話語。

他無須告訴我當時我人在哪裡，我知道自己正站在肉體生與死之間的通道。我們的面前是條波光粼粼的河流，而對岸有群人在等著我。我的父親站在奶奶身邊，還有其他已逝的家人、朋友，包括了曾祖父母，還有我心愛的寵物和一些我認不出的人和動物。不知何故，我就是知道他們是來自前世的靈魂同伴，現在都來迎接我了。

我一看到父親站在那裡，就迫不及待地想要到他的身邊。由於他是死於車禍意外，我一直沒有機會和他道別；而我也一直無法接受他已死亡的事實。看著河對岸的他，我又感受到我們之間的深刻連結。我知道我們可以透過思想溝通，我告訴他，我好想念他。他回應，他一直與我同在。我很渴望走向他，我也知道我可以輕易步下河岸，跨越河流，到達彼岸。

回魂，行經死亡幽谷

我是如此強烈地想要和父親一起，我不知道該怎麼辦，我似乎猶豫了好長一段時間，下不了決定。我一直看著父親和指導靈，想從他們的臉上得到指示。當我再一次跟父親說我想和他在一起時，他向我保證，我們很快就會重聚。這讓我很震驚，我於是想：「呃！如果我快死了，還不如現在就跨過去算了。」

父親一聽到了這個念頭，馬上回應：「如果妳現在回頭，雖然看起來我們似乎要好一段時間以後才能再聚；但是相信我，在真正的時間裡，它不過是一眨眼的工夫罷了。」

雖然這個回答讓我困惑，但也多少撫慰了我。做決定的時候到了——而我知道自己可以自由地選擇。我也知道，一旦我過了那條河，我就再也不能回到我現在的身體和身分了。

在紛亂的心緒中，我再次望向身旁的指導靈。他看著我，並跟我說：「妳知道妳在這一世還有很多要做的事。」

我意識到他說得對，而正當我想重複他所說的：是的，我知道我還有很多要做的事，我沒能把整句話說完，因為就在我開始想：「是的，我知道……」時，馬上「啪！」地一下子，我就猛然離開了那個地方，回到了自己的身體。我的靈魂能量回到我的肉體，速度之快就像是我被猛然丟進身體裡一樣，浴缸的水都濺了出來。

處於震驚中的我，靜靜地躺在浴缸裡，試著消化這整個經歷。我知道，一個關鍵時刻的決定，帶引我的命運回到了我現在所在的這個層次。我明白，這是正確的決定，但我還是為沒有機會和父親說再見而感到難過。無論如何，我可以感受到他與我同在，我也知道，在「真正的」時間裡，我「很快」就會再見到他。我也感受到祖母的雙臂環繞著我。祖母一生飽受氣喘之苦，我能夠感覺她為我帶來了力量和療癒。

慢慢地——非常緩慢地——我的呼吸開始變得較長較深。我不知道自己在浴缸泡了多久，但當我能站起身時，水已經變得很冷。我搖搖晃晃地上床，把自己包了起來，當被子裹住身體的那一刻，我感受到身邊許多靈魂的愛。我很快就睡著了，心裡知道療癒已經在進行，而我確信，我的生命從此再也不同了。

關於時間與生死的真相

親身經歷過這類的特殊事件，會使一個人的知性信念轉變成衷心信奉的真理。這樣的事件所帶來的啟示將會成為生命的濾器，這就是我的情形，而我想和你們分享那次重病所帶給我的美好禮物，那些後來我了解的事。

死亡後，生命依然繼續

我一直相信生命的延續性，而我的經歷使這個信念成了絕對的真實。有些科學家說，人們在瀕死經驗中所看到的影像，是因為神經元隨機放射而觸動了久遠記憶的結果。但如果這個說法為真，為什麼所有在「記憶」中的，都是已經過世的人？為什麼是我已逝的父親「被記起」，而不是我母親？為什麼我會記起一位久別人世的友人，而那些一直以來陪伴在身邊的人（包括我的孿生妹妹在內），我卻一丁點都沒想起來？神經元的隨機放射怎會漏掉一個我跟她之間有無數記憶的人？

從一名親身經歷者的觀點來看，似乎只有一個合理的解釋。那些並不是隨機的神經活動及隨機觸發的記憶，那是靈魂前往神祕之境的一個中繼站。每一個靈魂都會在它自己的時間抵達該處，並與那些已經先到的靈魂連結。這就是生命的延續性。能量不會終止，它只是換了形式存在。

在能量的領域，我們全都是光的存在，都是光體。我們在瀕死經驗時所看到的靈魂是以他們生前的樣子呈現，這樣我們才能辨識出他們。通靈時也是如此；靈魂以昔日的外表與穿戴呈現自己。當然，他們在「另一邊」時，並不需要這些。

在生與死之間徘徊，關鍵是：你完成今生的任務了嗎？

有些人認為，我們會在什麼時候死去，出生前就已經決定了。在某些情形，這樣的說法看似為真，但在我的經驗裡，我卻有過一次很真實的選擇。我毫不懷疑，我可以選擇跨過那道生命之河，進入下一個生命的旅程，或是選擇回頭重返人間。決定權完全在我手上，沒有人指揮我要選哪條路，而決定後的結果也不可知，不論是對我或對所有在場的靈魂而言。

當時的情形很明顯，我的指導靈及河對岸的靈魂都只是在等我做出決定；而且有好一會兒，我確實不知道該怎麼辦。父親數年前的辭世令我身心交瘁，而能和他再次相聚的念頭真的很吸引我。雖然我的指導靈提醒我仍有工作要做，但我毫不懷疑我可以自由做出我想要的決定，不論決定是什麼。

或許，命運就在於不論我們做了哪些行動，我們的影響力對這個世界都是重要的。在我試著做決定時，指導靈指出我還有工作要做，這話在我的內心深處引起了共鳴。我當時有種感覺，知道自己並沒有完成我的靈魂所計劃的工作——我也還沒學到此生要學的所有課題。雖然我不清楚我還必須完成哪些具體事項，但我感覺靈魂在呼喚我回來。當時的我並不知道，我未來要領養的孩子已經在俄羅斯出生和成長，而我已寫好的書也正等著出版；當然還有無數的經驗、關係及探險，在等著我去實現。

在決定的那一刻，我有一種想回來面對未來並迎向前方所有課題的強烈感覺。是的，我們都有一個等著履行的命運。不論它是否和家庭、工作或個人進化有關，每個靈魂都有自己的計畫，至於能否鼓起勇氣面對，就在於我們自己。

時間並非像我們以為的那樣

在我經歷那次瀕死經驗時，我已經研究時空連續體[2]多年，但研究與親身經歷是截然不同的事。我的靈魂不知何故擺脫了線性的地球時間，進入了靈魂世界的永恆當下。在那裡，似乎沒有過去、沒有未來，只有永恆的現在。

我父親說我們會在眨眼間重聚，這讓我的思考有了很大的轉變。我意識到時間、空間、恐懼和迫切等等限制，只不過是我們加諸於己身的束縛。靈魂將我們的旅程看成是一連串無窮的機會。困境，也像歡樂一樣短暫；而所謂的生命，就是每一個平凡時刻的呈現。

站在現在與過去的十字路口

沒有什麼東西像時間這般難以捉摸。它確實存在，並被標示為時、日、年；然而除了以最抽象的方式，比如記憶或期望，我們無法掌握時間。或許，就如我在第一章所討論的，過去與未來存在於平行宇宙。在當下的能量，一個飛逝而過的思維可以分裂成兩個平行實相，導向兩個可能截然不同的結果。而這不只限於未來——這些「多重宇宙」完全可能有著不同的過去和現在。

科學家通常相信所有的時間都是同步存在，而我們所感知到的分分秒秒依序而過的時間僅是一種體驗到的現象。時空連續體的概念，確實很難說服我們的理智：**所有的時間怎麼可能會同時存在？如果這個說法成立，那我們現在每時每刻的動向，又會如何影響過去與未來？**

有人稱時空連續體是一個既深且廣闊的海洋，海流各往不同方向移動，即使每個海流都靠得很近，流向可能完全不同。我視時間為一種可能性的場域，過去、現在和未來的各種可能，全部都位於這個相同的存在面。它們之間的差異，就在於振動——過去和未來以不同的振動速率發生。我們從一小時到下一小時的線性移動，是以一種更密集的共振發生，這個共振讓我們活在一種「真實的」時間感裡。過去則消失在比較沒那麼密集的運動中，而在我們面前展開的未來，則是一個等著形成和體驗的訊息面。這樣一來，連續的時間是線性的，它透過我們所見和所感受的事物來移動我們；但是其他的時間依然存在於振動的純粹潛能場裡。這個過去、現在和未來同時存在的觀念，對我們要處理的編碼意識非常重要；它提供我們回到過去、重塑過去，並往前規劃未來的機會。

2 space-time continuum，指由時間與空間共同組成的四維時空結構，愛因斯坦認為宇宙就是時空連續體。這個觀念首由他的老師、德國數學家閔可夫斯基（Hermann Minkowski）提出：時間可看成空間的另一維度，也就是時間跟三維空間共同構成四維時空。

似曾相識

在時間裡移動的能力，會對你的人生產生重大影響。在時間裡移動，就是對「似曾相識」現象的解釋之一。這個詞源自於法文déjà vu，意思就是「已經看過」。你可能在某些時候有過這樣的經驗：走進一個從沒去過的地方，卻已經知道那裡是什麼樣子——甚至還知道接下來會發生什麼事；面對素未謀面的陌生人，卻有種令人吃驚的熟悉感。或者，跟人說話時，有那麼一下子，你知道接下來對方會說什麼，而且你感覺以前曾有過這個特定時刻。

這些奇特、短暫，卻深深打動我們的事件是如何發生的？許多人說「似曾相識」是來自前世的記憶——很可能就是如此。但它也可能是因為你天生就能在能量層面穿越時間的結果；這個經驗的普遍性令人吃驚，卻很少人意識到它的發生。它通常被稱為「靈魂出竅」或「心智投射」，往往在非常安靜的時刻或睡眠中發生。乙太體[3]——核心能量和意識的一部分——可以穿越時空的多次元宇宙，通常在你睡著後，你的星光體能量會離開身體去造訪不同時空，這是為何前世記憶容易出現在夢中之故。這也是你為何會對「似曾相識」事件感到熟悉。

在夜間，當你的星光體在時間中向前行進，你得以一瞥未來的某些可能性。星光體很快回到了肉體；而當你醒來時，你可能會記得做過夢，也或者這件事就退到了潛意識的層面。你在線性時間裡繼續人生旅程，當終於來到你曾造訪過的那個特別時刻，熟悉感在心中閃過，這種「知曉」的感覺，讓你又驚訝又有種莫名的安心感。

我自己就曾經有過幾次類似的經驗，其中有個經驗特別值得一提。我從一個夢中醒來，因為夢境很不尋常，我當時立刻告訴我先生夢的內容。我夢到我在一個國外的城市，那裡所有的建築物看起來都是白色的。我和一名金髮女子坐在計程車裡，我不認識她，她正在翻譯司機談到附近街區的事。雖然只是一小段影像，卻有種驚人的熟悉感——因為太熟悉了，我無法相信自己只是夢到去了一個不曾去過的城市，遇到某個我不認識的人。這一切的感覺實在太真實了。

兩年後，我到巴黎去見我先生的姐姐，她在那裡當保母。我們一起搭計程車去某地，我注意到，所有的建築物都是白色的。當她開始翻譯司機所說的話時，我猛然想起了那個夢。但它不只是個夢——它是「似曾相識」的經驗；我確實去了那裡一遊。這是真實的人生，所有的人、地、經歷完全一樣，只是以前是在一個隱約且模糊的幻影裡。這次的事件，觸發了我某種類似頓悟的理解，它是如此深刻與真實，讓我感到宇宙似乎

3 etheric body，是一種精神能量場，環繞在肉體周圍，可以反映身體健康狀態。乙太體被視為我們的第二個身體，其他還有星光體、靈性體等。

給了我一個瞥見時空連續體真相的機會，以及顯示出我們確實有能力在時空中自由移動。

如果我們的未來已經設定好了……

既然所有的時間都同時存在，不免使我們想到「宿命」的問題。如果說，「未來」正在現在發生，這是否表示那些事件都已經被設定好了？

先不論我那次「似曾相識」的經驗，我認為答案是否定的。雖然我曾有多次類似的熟悉感，但那次的經驗是因為我有意識地記住了那個夢。在那個夢裡，我的能量體至少前進了兩年並體驗了這個有趣的事件。夢醒的我記得自己去了那裡；而隨著時間推移，人生也引領我朝那個方向走去。

然而，這難道意味所有的一切都是事先就編寫好的劇本？

我相信，我們的靈魂為我們預先規劃了課題，而不必然是事件。海森堡測不準原理[4]揭示了世界存在於一種純粹可能性的狀態，一個通量和流量都持續穩定的狀態。這在波與粒子的物理世界是如此，在我們永恆的生命中亦然。靈魂把它要學習的功課帶到這一世，而事件之所以形成是為了幫助我們成長。我們學得越快，就能越快地改變我們的經驗。因此，未來是存在於一個能被改變的能量可能性當中。雖然這聽起來可能很怪，但過去是存在於一個共振的記憶裡，它可以被重訪，也可以被改變。

你**不可更改的業**（immutable karma，可以稱之為宿命），在出生前就已經決定了。這些是由你的靈魂和其他靈魂一起計劃出來的，包括了你的父母是誰、在哪裡出生，以及性別和人種。而正如「宿命」一詞的字面意義所表示的，宿命不會改變，它是你這一世意識編碼的一部分。

然而，現世的你還有**可以改變的業**，這是指那些會隨著你的成長而改變的元素；它們是在你的能力範圍之內。如果你對該學的課題輕忽不理，這些課題會一次次地重返，但你的未來並非無法改變。如果你能掌握機會，就能創造命運。同樣的，過去和它的影響也可以被改變，但是在你能重寫歷史並改變它的影響之前，你必須先找出究竟是怎麼回事。

4 由德國物理學家海森堡（Werner Heisenberg）於一九二七年提出，其理論是在一個量子力學系統中，一個粒子的位置和它的動量不能被同時確定。

回到過去的方式

造訪永恆有許多方法。透過觀察現世生活的細節，你甚至可以蒐集到前世的資料。你也會在本書的第二部分發現，**有意識地探究**現有的問題和情勢，可以揭露許多事。探索的時候，要記得這是一趟心靈之旅。如果你想開啟一扇門，進入沒有時間限制的領域，平時就要多做冥想的練習。冥想之所以重要，是因為它能設定能量的舞台，使你的身體和頭腦的頻率平緩下來，增加你對神祕資訊的接收能力。當你的腦波頻率是處於α波（每秒八至十三周波）的狀態，你會更放鬆、更具直覺力，而且更有靈感，這是振動的門戶，透過這樣的頻率，才得以一窺阿卡西紀錄[5]裡的資料。因此，手邊請備有一本冥想日誌，以便隨時記下任何跟前世訊息有關的印象。

阿卡西紀錄——也稱之為阿賴耶識（Alaya consciousness）——是一處廣大的訊息場，包含了有史以來所有技術性的、科學性的及創造性的知識，它的本質兼具了宇宙總體和單獨的個體兩者。透過接通此一場域，你不僅能獲得極佳的啟發，還可以和你自己特定的前世連上線。

雖然前世的細節被編碼在你的靈魂深處，但你可以接通並取得這些資料。當你的大腦經常維持在α波的頻率，你就會更容易連結那些訊息，也更容易打開通往阿卡西紀錄的門戶。

以下是一些最常見的方法，可以幫你找出那些可能至今仍影響著你，卻長期被隱藏的因素。

重返現場的回溯催眠

這個催眠過程可以帶你回到特定前世的經歷。你可以在催眠師的協助下進行回溯催眠，或是聆聽引導式的冥想CD，或閱讀本書附錄的冥想說明照著練習（第十一章有更詳細的說明）。

附錄提到的**重新編寫**（rescripting）技巧，也將在第十一章詳述。我在這裡先提到的原因，是當我們談論到時間的本質，以及我們穿越時間的能力時，必須認知到我們現在就有能力重塑過去。我們可以創造一個改變因果業力的編碼，提供不同的情緒和結果，以及一個更棒結局的劇本。透過重新編寫，我們有力量去療癒我們渴望改變的舊模

5 Akashic record，由梵語音譯而來，是一種不可知型態訊息的集合體，被編碼存在於乙太中，只有在特定狀況下進入超驗狀態的人才能捕捉。

式——即使它們已行之久遠。

被觸發的相關回憶

當你在進行與某個特定前世事件類似的活動時，這些被觸發的記憶就會浮現。我在最近一次的外科手術後，就有過這樣的經驗。當時我試著要在床上翻身，但因為牽動到腹部的傷口而變得困難。突然間，我臥室的牆壁變成了白色，我像是在一間老醫院裡，緊接著我意識到自己在某個前世才剛產下一個死嬰，並感受到自己的悲痛。這個事件對我剛動過的手術及生命中的許多其他問題，都有非常深刻的意義。

這類畫面的出現是自發性的，通常出現在你疲倦、無聊或心煩意亂時。除非你察覺到可能的關聯，否則你很可能會認為自己是在做白日夢，甚至當相關記憶被觸發時，你可能毫無所覺。

那些前世的事——自發性的回憶

這些靈光一現的記憶與被觸發的相關回憶很類似，都是不請自來。然而，它們通常與現在的情況或情緒無關；相反的，它們往往代表了從前世的意識深處所浮現的隨機事件。這一類的記憶似乎更像白日夢，因為它是如此陌生，而且和現在正進行的事毫無關聯。事實上，這類的訊息通常是在你正要入睡或正要醒來時出現。

這種像是不知從何而來的自發性記憶，在孩童身上更常發生。這可能是因為當我們年幼時，腦波大部分時間都是處在α波的頻率。在五歲至七歲之間，我們開始移向頻率較高、較焦慮緊張的β波狀態（每秒十三周波以上），所以感知到的前世記憶會逐漸變少。

我認識的許多孩童都曾告訴我他們的自發性記憶。我外甥四歲時，有一次我和妹妹帶著他一起開車，外甥突然說：「還記得以前我是大人，我們住在巧克力店樓上的時候嗎？隔壁就是他們埋死人的地方？」

我們立刻就知道他說的是前世記憶，於是鼓勵他多說一些。他說他在一間外套工廠工作，他談到了製作衣服的許多細節，他形容衣服是褐色的，有奇怪的口袋和袖子，他還說這種外套被稱為「美國外套」（American Coat）。幾年後，妹妹和我在一家古董店發現一本二十世紀初的型錄，型錄裡有個商品就叫「美國外套」，外套上有麂皮口袋、手肘上有麂皮補丁，而且只有褐色一種款式。

如果你在平常生活中遇到孩子開始談一些對你來說很奇怪的記憶，要鼓勵他們說出來，並寫下他們告訴你的事，因為這些資料很快就會被遺忘了。

夢，不只是個夢

夢通常出現在腦波呈平緩的 α 波頻率時，它們也帶有許多前世的資料。因此如果你做了個夢，在夢裡你是國王或王后，可別置之不理。我向來建議在床邊放本日誌，不論你收到的是特定的前世情景，或只是從隱喻式的夢中得到重要訊息，都要將印象記錄下來，並根據生活中所發生的事一一檢視，這麼做會使你獲益良多。

解讀前世

有許多通靈人、靈媒和第六感很強的人，都擁有解讀他人前世的能力，這也許是因為通往神祕能量場域的門戶常為他們開啟，而他們也能順利接通阿卡西紀錄。當他們和客戶連結時，他們會接收到客戶的獨特振動，並自動和客戶的特定資料建立起連結。

雖然我不明白這是怎麼發生的，但在從事心理諮商時，我也開始接收到這類的訊息。我會瞥見與求助個案有關的重要資料，有時只是一閃而逝，有時則是在心裡看到完整畫面播放。

我有時會問個案：「你曾經發生過這樣的事嗎？」接著我會描述看到的內容。有些個案會大吃一驚，然後記起那些發生在很久以前的往事；但有時他們卻一點印象也沒有。我後來才逐漸了解到，那是因為我接收到的，是跟當時所處理的問題有關的前世細節。

不要認為有關你的歷史只有這一世。你所承繼的身分已經被編進一個大資料庫裡，而關於你是誰的所有細節，以及你所經歷的一切，都會向你揭露你的身分。你**的確**有造訪永恆的能力，因為你在此時此地就已經置身在過去與未來之中。當你發現了你所不知道的過去，你不僅能改變現在正在發生的事，你也能開放自己接受靈魂的意圖。而當你朝向**靈魂的**目標前進，你將會發現，每一刻都充滿著無限的可能性。

第三章

業力與你的編碼意識

你永恆的靈魂在時間之海的浪潮裡移動，從一個浪潮移動到另一個浪潮，一路都維持著它固有的靈性身分。這是你靈魂的意識——一個專為你所設的訊息場，從時間的初始延伸至當下，並且超越了時間。

你的永恆意識編記著來自每一世的資料與情緒能量，而這些資料現在正在影響著你。事實是，你早已忘懷的前世振動、因果，甚至情緒都一路追隨著你。這些來自前世與今生的記憶，儲存在你的細胞和生命力裡，它們促成了你個人獨一無二的生命記號。從你初次投生為人類到現在的這個非常時刻，你的歷史都被編碼記錄下來，形成了現在的你，以及你將要創造的命運。

靈魂的進化，找出你的業力編碼

持續在進行的輪迴過程和被編碼的意識，是能量交換與訊息儲存的一個複雜體系。其中的情感脈絡和結果，都是根據每一世的無數經驗而編碼。

每個靈魂的進化之路都有其目的，包括為了進化和前進而注定要學習的功課。我們的意識隨著時間的推進而日益複雜，不同的經驗不斷堆砌，我們也對自己的目標和隱藏的真相發展出更深刻的覺知。一旦我們學到了課題，我們便會將自己從老舊、不健康的模式中解放出來。如果沒學會，就只是累積了越來越多原來應該改變的能量。

譬如說，假設你前世是個酒鬼，那麼伴隨那些經驗所產生的渴望與感覺，就會變成你業力編碼的一部分，它會促使你再度往那個方向傾斜。也許，你這一世的目的就是要釋放酒癮。如果你成功了，你不僅打破模式、解開了密碼，也使你的靈魂進化到更高的存在振動。反之，若酗酒的傾向被重複，那麼這個動力就會被編記得更深刻，下一世要療癒這個問題時，情感上會更為困難。

每個人都有獨一無二的專屬編碼

你有你自己獨一無二的業力密碼，它是你這一世的一股驅動力量。大多數的情緒體驗都會被編碼，其中也包括你永恆生命裡許多無關緊要的小插曲。不過，幾乎可以肯定的是，有些因素必定會是你在接下來的人世中要處理的功課。讓我們來看看被灌輸到你靈魂深處的強大影響力是哪些。

1 強烈的情緒衝擊

在我進行心理諮商時，我總會告訴對方，某個經驗如果對情緒衝擊越強，對他們人生的影響就越大。就因果業力來說，也是如此。不論是正面或負面事件，當時的情緒越強烈，對現在的影響力就越強大。如果來自前世的某個經驗令人非常愉悅，例如愛或熱情，我們幾乎可以確保它對你這一生有著重要影響。同樣的，任何嚴重的負面經驗，像是離婚、破產、生病、失敗或背叛，也會留下一個情緒上的印記——而且影響還不僅於此。

這些經驗的**能量**和我們的**回應**都會被編碼。譬如說，如果妳在某個前世被丈夫背叛，那麼「男人不可信任」的結論可能被深深編入妳此生的密碼裡。因此，妳雖然一直渴望有段浪漫的感情，但妳會下意識地抗拒。妳會對心中的理想對象送出矛盾的意圖，甚至在妳沒有察覺的情況下造成了阻礙。

同樣的，在**這一世**帶有強烈情緒的事件，也會為未來的經歷播下種子。因此，紓解那些困難經驗帶給你的負面情緒能量，然後重新架構你曾經做出的有害結論，就變得極為重要了。

雖然這一世的問題可能源自前世所播下的種子，但永恆生命的進化要求我們現在就要處理這些問題。無論這些帶來強烈情緒衝擊的經驗是發生在什麼時候，你都必須面對和處理。如果你沒有處理好這些在情緒、認知，甚至生理上交錯複雜的影響，你的人生將會持續出現這些問題。

2 身體問題和殘暴記憶

有些被深刻編碼的前世記憶，來自暴力與極端的肉體傷害。事實上，我們現在的疾病是源自於前世身體的創傷，並非不尋常的現象。譬如說，在前世差點溺斃的經驗可以連結到這一世的呼吸問題，而這也是用來解釋恐水症的合理說法。

暴力傷害及創傷在情感上會造成相當大的衝擊，它們對接下來的轉世也有極大影響。我們這世進行手術的部位，常常也是前世身體受傷的位置。我在進行解讀前世及回溯催眠時，曾見過許多這樣的例子。最近的一次研討會上，就有一個這樣的案例。

當我在午餐休息時間結束，正要回到演講廳時，一位女子來到我面前，她說：「妳可以幫我做個快速的前世解讀嗎？」

我已經快遲到了，心裡也不想答應，卻有一幅鮮明的影像讓我停下腳步，而且讓我背脊發涼。我看到她在戰場上，兩軍廝殺中，有一把劍正刺向她的胸膛。

我告訴她：「在以前的某一世，妳的胸前刺了把劍。」我明確指出劍鋒往下砍劃，橫過她胸膛的地方。

女子倒抽一口氣，驚呼說：「我才因為乳癌而動了手術！」

我感應到她要學習的功課是「愛自己」和「以自己優先」。她那時不該上戰場，她現在也不該為別人而活。

類似這樣的情形並不罕見。肉體的虐待、攻擊，甚至意外傷害，都會攜帶強烈的能量振動。這些體驗深深刻劃在我們的意識裡，並進一步成為細胞記憶。我並不是說每種身體毛病都有一個前世的肇因，然而，我們往往會發現較為嚴重的疾病或慢性病症，常跟過去的衝擊事件有所關聯。

3 猝死或暴力死亡

你在前世的死亡型態與死亡時機，是影響業力密碼的一個主要因素。如果死亡發生在幼年或無預料的猝死，因此中斷了靈魂的道路和想學習的功課，這會使得靈魂迅速轉世回來。我們只要看看現在的人口數據資料，就可以找到有趣的例子。

在美國，人口統計學上的最大群體是被稱為「嬰兒潮」[1]的一代，但這現象不只是在美國。在一九四六年至一九六四年間，全世界都有大量人口出生。

人們普遍認為這個結果，是二次大戰後全球局勢趨於和平及繁榮所致。雖然這個說法可能部分有理，但人口數的增加，也有它業力上的影響。

在戰爭期間，數以百萬計的生命被突然終結或因暴力方式而縮短。在此情況下，不論是個人或團體都有許多未竟之事，再加上靈魂常常不願離開或還沒做好離開塵世的準備，於是在緊接著戰爭結束後的幾年，他們很快又轉世回到地球。

不論在任何年紀，死亡都是一種強烈的情緒經驗，而當生命在毫無預警的情況下被奪走，靈魂會不由自主地想要再參與這場冒險旅程。它不僅想體驗形形色色的生命喜樂，也渴望完成被編碼在靈魂最深處的今生課題。

青春本身就有種強烈的情感糾葛，我們規劃未來、陷入愛河，對於未來的人生滿懷熱誠及期待。當這種興奮感被打斷，靈魂想立刻回來是很自然的事。老年死亡在情緒上

1 baby boomers，指在美國一九四五年至一九六〇年間高生育率時期出生的人。

的衝擊就不那麼強烈了，因為靈魂已經有過許多體驗，甚至可能某程度地渴望與源頭有更明確和密切的連結。在這些情形下，它們可能會比較渴望離開，而非迅速地重回地球。

共同的業力要一起清除

我們可以馬上轉世，也可以選擇多等候一陣子，和我們靈魂的核心團體一起重回世間。共同承擔業力就跟共享意識一樣，因此我們會根據共同的經歷，帶著連繫著我們之間的課題回到地球。有時候，共業只限於小團體，像是家人、朋友或同事等等；有時候，它會擴展到整個文化與多個國家。

一對年輕夫婦的共同業力，可能是有個生病的小孩，而他們要學習的課題必須以個人和兩人一起的方式雙頭進行。一個比較大的團體共業，可能是一家公司的員工得知公司即將關門。蹂躪整個社區或國家的戰爭、饑荒或自然災害，則是更大業力的例子。

像這樣的共業經驗，牽涉其中的每個人都有共同要學習的課題，同時也有純屬個人的學習機會。要找出什麼是大家共同的功課，我們必須檢視那些範圍更大的經驗。比如說，近來的經濟模式可能是在告訴我們，我們應該改變事情的優先順位，放掉以前對物質的迷戀，並在情感／人際關係和個人追求上找到更大的滿足。

當你在處理一個共業事件時，和相關人士談談常會有所幫助。你們可以一起探究要學習的課題和機會可能是哪些，看看你們能否幫忙彼此對事件的意義有更深刻的了解。你們想要療癒前世影響的共同意圖，能夠加速你和所有人的療癒過程。

我最近在紐約州的莉莉岱爾（Lily Dale）[2]社區帶領研討會的時候，就有個有趣的共業經驗。在冥想結束後，一位參加者說他剛才有了一次神奇的前世體驗，他回到美國內戰後的時期，那時他被重新安置在紐約州某地，試著展開新生活。他一說完後，有些參加者也紛紛說他們冥想時也有類似體驗，發現自己的前世同樣置身於那段時期，而且同樣感覺失落，並想重新尋找方向。結果，全班有半數以上的人都有同樣的戰後生活，雖然在這一世，大部分的參加者都不認識彼此。我們因此了解到，大家是被帶到一起，好讓那些失落的情緒得以止息，並在此時此地找到更深刻的靈性意義。

我發現，今天另一個共享業力的例子，就是大家對於心靈事物的興趣普遍增加了。許多人在前世探索神聖和靈性方面的事物時受到阻撓或反對，甚至因為他們所從事和相

2 占地一六七公畝，這裡的靈媒村於一八七九年由一群有通靈能力的人共同建立，目前有四十多位具有執照的靈媒入駐。

信的事而被迫害。無數的人出生在此一年代，就是為了要改正舊有的毒害能量，並且為個人，也為這個世界，一起追求心靈的成長。

業的真實面貌：你擁有一個永恆的靈魂

不論你是跟誰一起分享你的前世或今生經歷，你總是帶著你自己獨一無二的業力編碼——那些你在過去所建立，並將影響未來的資料。

你所經歷的一切都會變成你能量結構的一部分——一個有關你現在是誰，以及這一世你為何來此的編碼訊息。我們將在本書繼續探討這些模式的樣貌，以及它們對你現在可能代表的意義。它們就是你的業力編碼，一個驅動你靈魂進化的力量。它們不但是奇妙的轉世過程的一部分，也是帶來領悟和深刻了解的工具。

釐清「業」是什麼

大眾對於「業」的一個常見誤解，就是把它當成是一種預先設定的懲罰，並且是由某個很有權威的審判者來宣判。不是這樣的。「業」不是處罰，它也不是束縛！它是靈魂自己的設計，並且還有其他靈魂參與。讓我們先來看看一些錯誤觀念，並且釐清到底「業」是什麼，以及「業」不是什麼。

＊業不是：先前「不當行為」的懲罰或報復；也不是發生在你身上的所有困難都源自於前世。

＊業是：能量模式的互換、回返，或是對能量模式及其意義的了解。有些你靈魂所選擇的課題並不是因為業力所致，而是基於想要進一步擴展的意圖。

＊業不是：已經決定或已注定的命運。今生的課題是被事先規劃的，但大部分的技術性細節則否。

＊業是：可改變的、有彈性且易變的。當你的意識轉變時，業也改變了。

＊業不是：片段式的，也不是針對性的。你不必去重新經歷你在前世所製造出的每一件事。

＊業是：跟某個問題有關。當你療癒了問題模式並領悟課題的內涵，相關的所有業力（不僅是這一世，甚至其他世）就會被釋放。

業力編碼所攜帶的訊息

就像你的ＤＮＡ是你肉體構造及生物特性的密碼一樣，你的業力編碼也顯示了有關你是誰、你曾經歷過什麼，以及你曾經是如何回應等等特定訊息。你靈魂中的永恆意識記錄了你之所以為你的所有事情，而此一密碼包括了：

1. 對過去事件的隱藏記憶。
2. 回應這些事件的情緒，比如恐懼、厭棄、喜悅或興奮等。
3. 根據這些情緒所得到的重要結論，特別是與價值、尊重、安全和力量（包括他人的力量）有關。
4. 身體方面的問題，以及依此而建立的結論。
5. 對今生課題及個人成長方面的意圖，包括與靈魂真理的連結及表達等。

業有兩個主要目的

1. 讓我們體驗並了解在過去經歷中一直都存在的能量。
2. 幫助我們學習那些在前世沒能學到的重要課題——這些課題不僅對我們本身的覺醒與開悟很重要，對愛在宇宙間的擴展也很重要。

一旦我們透過了解這些課題並改善一再循環的舊能量時，以上兩個目的就合而為一了。比如說，如果你在過去某個輪迴是個殺人凶手，這並不表示你必須在這一世被他人殺害才能釋放被編碼的業力。你該做的，是去了解生命的價值，並學習真心尊重他人的生命。這將會轉變你的意識，從而打破舊編碼，使你重建一個境界更高的新意圖，並投射出一種更能引起共振及和諧的振動。

當然，如果你拒絕這個課題，有可能你愛的某人會被殺害（在靈魂層面的同意下），以迫使你去了解生命的珍貴。這樣的能量回歸，會帶給你強而有力的頓悟。但這必須是透過你的**領悟**來圓滿課題，而不是事件本身。經歷這類的事，聽起來可能很極端，但從靈魂觀點來看，事實上一點也不戲劇化。

試著從靈魂的角度來看待事情

人們常問我：「為什麼我們要讓自己一再經歷這些事？」畢竟，人生是辛苦的，有時甚至令人難以承受。然而，靈魂看待事情的觀點卻更長遠也更宏大，它不只看到困難，即使困難占了生活的一大半。反之，靈魂會注意到生命裡所有美好的細節。它沉醉於每一次夕陽和每一朵花香的喜悅，陶醉在嬰兒的歡笑及輕啜的美酒。所有這些美好的時光、美好的事物，都會是讓我們勇於面對生命的強大誘因。靈魂看到的是比單純的歡樂更宏大、更吸引人的事物，它被強大的機會所吸引，即使是在困難的時刻——例如疾病帶來的勇氣、幫助他人時被喚起的慈善心，以及黑暗時刻轉向光明所產生的自由等等。

靈魂看待塵世生命的方式，與個人角度截然不同。我們可以拿演員來類比；一個演員知道他將扮演怎樣的角色，角色雖然是暫時的，卻很重要。演員知道拍攝終將結束，然後他會轉往下一齣戲。如果他所扮演的角色在劇中承受痛苦，演員未必要受到影響。事實上，他可能認為，一個極端困難和情緒化的角色是磨礪演技的好方法——他可以因此更深入挖掘自己，並提升演技。

靈魂的態度很類似。靈魂知道，在真實的時間裡，地球上的經歷其實為時短暫——即使活了八十歲或更久。雖然就永恆的實相來說，這個角色短暫又匆促；但就進化而言，它所採取的途徑卻極其重要。靈魂會隨著時間繼續前進，扮演另一個角色，但它為了磨練技巧（開悟與愛的技巧），願意接受現在的難題。

對永恆的自我而言，疾病和貧窮這類的挑戰就像演員扮演角色一樣，並不是什麼大問題。靈魂視它們為進化工程中一個重要且有價值的機會，可以達到自我掌控、智慧成長、自我學習和情感表達等目標，以及擴展愛、服務及同情心等。簡言之，開悟來自於內在靈魂的覺醒。

你的靈魂是怎樣看待你人生中的事件呢？它知道人生有好事，也會有壞事，而這一切過程有更具深意的設計用心。雖然你的意識可能對更高層次的規劃沒有記憶，但自我（ego，又譯為小我）、執著及迫切的渴望卻會造成阻礙。

然而，當你開始從靈魂的觀點去看待事情時，所有一切都改變了。在每段經歷當中，都有一個課題——一個更深的意義，這個意義就是：你所學到的事甚至比事件本身還重要。你的靈魂知道，重要的不是發生在你身上的事，而是你如何處理。

你的業力編碼會受到你靈魂觀點的驅策，而靈魂觀點有它的優先順位，它們包括：

＊發現生命的意義與目標。

＊問問自己要如何把光明帶到黑暗之處，將愛帶到苦難之地。

＊敞開你的心迎向內在的神聖意識。

把這些永恆的觀點視為優先，將會改變帶你來到這個世界的編碼，並揭示出一條新的道路，重新引導你的命運。

當你後退一步來檢視你的人生，它會開始像一片片令人驚訝的拼圖。這些拼圖以非常特定的方式拼合，雖然你可能無法理解它們是如何連接起來的。總之，當你加上了來自前世的拼圖，你對你的人生將有更清晰的了解。你將看到在你眼前的是一幅全景圖，你會知道你曾經是誰、你這世要做的事，以及這世要成為怎樣的人。你那美麗、充滿意圖及力量的靈魂，便是這個引人入勝場景的核心，而當你能全然擁抱靈魂的觀點時，組成你這個人的所有神祕和永恆的拼圖，也將各就其位。

Part 2
破解你的業力編碼

在宇宙超級全息圖裡，過去、現在及未來全都被摺疊，
並且同時存在。這表示，我們
某天可能進入這個超級全息圖裡，
尋回那久被遺忘的過去。

——邁可·塔波特（Michael Talbot），
《超越量子》（*Beyond The Quantum*）

第四章 你的身體是個發電體

你的靈魂是永恆的。你的身體的存在有開始有結束，但你的靈魂卻永生不死。它在時間中穿梭，沒有任何限制。

每一世，你都有一個新的身體，但你個人的組成結構並不僅止於身體而已。你也有一個能量體，它的本質是光和振動，在每一次的轉世中取其形體，以靈魂能量填充其中，並從它的身體所在位置，跟你永恆自我的光輝一起向外發出共振。

它有許多名字。有時，它被稱為**乙太體**（etheric body）或**星光體**（astral body），它也被認為是**氣場**（aura）。雖然這些名詞在定義上有少許差別，但重要的是記得：你確實有一個能量體。它的核心就是你的靈魂本體，在你每一次和所有的輪迴，它都與你同在。

許多前世肉體經驗的編碼訊息，就是儲存在這裡。你經歷的每一世，你受到的創傷、疾病和傷害，都會在你的能量體留下印記。譬如說，如果你在某個前世被人在背後刺了一刀，這個經驗的振動會保留在這一世能量體的同一個位置；就像孩童時期的腳踝斷裂，可能在成年後以關節炎的形式在同樣部位發生。來自前世的創傷和傷痕，以振動方式被儲存了下來，而在許久之後再以身體上的問題浮現。

某些事件的能量記憶也許只是浮光掠影，對我們沒什麼影響。然而，發生在前世比較嚴重的事件，可能會在你的身體造成明顯結果。如果你現在有某個症狀拖了很久、很難受或是症狀擴散，認知到它有可能源自前世就很重要了。透過探究前世而蒐集到的資料，不但可以用來治療能量上的記憶，也可以療癒現在身體所顯現的狀況。

充滿內疚的肺

我個人是在第一次前世回溯催眠時，知道了組成編碼訊息的要素。我當時大約二十二歲，對發現的事大吃一驚！

我曾有過各種過敏和感染，隨著年齡增長，情況越來越嚴重。有一次，我參加一個詮釋前世的課程，我詢問指導老師，我多年來的鼻竇毛病可能跟前世的哪種經歷有關。她的回答是：「妳在某個前世一定對許多事都嗤之以鼻。」

雖然她的詮釋令我啞然失笑，但我知道，這些不斷復發的毛病一定有個業力上的構成要素。我當時並沒有很想深入挖掘，直到鼻竇炎變成了支氣管窘迫症。

我開始為長年的哮喘和肺部感染所苦是在十九、二十歲時。這令我非常煩惱，有時也讓我疲憊衰弱。服用了幾年的抗生素、類固醇和呼吸方面的藥物後，我決定進一步了解我的情況是否可能和前世有關。我當時二十二歲，而在這之前的五年，我一直不斷地研讀各種東方哲學和宗教，但我從沒做過回溯前世的催眠；我心性謹慎，不輕易嘗試。就像大部分的人一樣，當我要接受催眠時，對於這個過程有同樣的問題：

＊萬一無法催眠成功會怎樣？

＊萬一我無法獲得任何訊息，或是場面令人尷尬怎麼辦？

＊我怎麼可能在談論自己的經歷時，還能維持催眠所需要的放鬆狀態？

＊萬一我發現的是令人傷痛或難過的事怎麼辦？這會不會使我的身體狀況更糟糕？

＊萬一沒有輪迴這回事，而我只是像個傻瓜一樣地在盲目尋找呢？

每天準時在凌晨四點十五分驚醒過來……

我焦慮地開車去進行催眠療程，一路上這些問題在我的腦子裡打轉。我向催眠師說出了我的恐懼，他向我保證，他說不論是不是回溯催眠，在接受催眠前心有疑慮都是正常的，尤其當主題是像前世這麼抽象和陌生時，更會加重不安的感覺。

他很清楚地說明，不論我接收到什麼訊息，都不必脫離催眠狀態就能表達出來，而且我會記得所有的事（事實上，在進行回溯催眠後的幾天，這些訊息變得越來越清晰。門已被開啟，其他記憶也都自然而然浮現）。為了讓我安心，他也向我保證，如果我完全無法放鬆或取得任何訊息，我們可以日後再試。

在進行催眠前，催眠治療師要我先想好問題。他想具體知道，我在尋找什麼樣的資料，以及想要解決什麼問題。我向他描述我的鼻竇炎病史，還有近期的肺部感染和哮喘。我還告訴他，在過去有將近兩年的時間，我每晚會準時在凌晨四點十五分因氣喘發作無法呼吸而醒過來。這件事令我很困擾，我沒法好好睡一覺，我必須起床服藥，直到呼吸恢復正常。我認為原因出在藥效上，我在上床前服用的哮喘藥物到了那個時間點藥力已經消退，於是造成呼吸窘迫。

我們決定了催眠意圖，就是找到和我現在的呼吸系統問題有關的前世。在進行了放鬆的催眠誘導後，我發現自己進入了某個以我為主角的場景，而且不知何故，我清楚地知道怎麼回事。我知道自己住在英格蘭，在一個富裕家庭擔任五個孩子的家庭教師。而我所進入的前世時間，就是我這世哮喘源由事件的幾分鐘前……

我被一個小男孩的哭叫聲吵醒，他喊著我在那一世的名字——艾瑪。我看到擺在壁爐台上的時鐘，四點十五分。我從床上起身，伸手拿起床邊的蠟燭，走到爐邊，用爐火點燃蠟燭。

我朝正在哭的男孩方向走去，心裡很清楚我人在哪裡，以及要走到何處。我記得我光腳踩過冷涼的大理石地面，也記得白色長睡衣的下襬碰觸著我的腳踝。我也記得我經過一面鏡子，雖然我沒有停下腳步，但我從眼角瞄到，我有一頭黑色長髮，看起來大約十九、二十歲——正是我在這世開始哮喘的年紀。

我走進幼兒室，裡面有個漂亮的金髮小男孩，他邊哭邊咳嗽，呼吸困難，顯然他正為我這一世所罹患的肺炎而痛苦著。我可以聽到他胸部發出的雜音，我很難過地想，他大概活不久了。我把蠟燭放在床邊的一張桌子上，緊挨著一個穿著英軍紅色披風的金屬小玩具兵。

有趣的是，現在的我仍有著這一切細節的記憶；前世的我既絕望又糾葛，我知道這個小男孩生病了，而且我知道我也要負點責任。我怪自己讓孩子們在下雨天外出，因為這樣，小男孩才生病了。

他叫著我的名字，而且呼吸越來越困難，我把他抱在懷裡，開始祈禱，我說：「求求你，上帝，讓他趕快好起來，請不要把他帶走。**讓我來承受吧！**請不要把他帶走！」

當我試著和上帝討價還價，並要求讓自己來承受疾病時，這個由我照料的可愛孩子，死在我的懷裡。

這之間的關聯很清楚。我覺得非常內疚，覺得自己該為孩子的死負責。我把這些情緒，以及因他的死亡而想懲罰自己的念頭編錄了下來。我讓自己生病的要求，成為我這世的驅動力，並且儲存在細胞記憶裡。我知道，我必須做很多功課來釋放這些情緒及對自我的評斷，以及隨著這個事件而產生的身體問題。

慶幸的是，在那次回溯催眠之後，我再也不曾因氣喘在凌晨四點十五分醒來。

不解決，同樣的問題還會再回來

有時候，我們需要的只是跟事件有關的資料，讓我們可以用來清除情緒衝擊和它所衍生的效應。而有時候，我們要做得更多才行。

我花了很長一段時間，才打斷哮喘和肺部感染與事件之間的關聯；雖然多年來沒再發作，但偶爾還是會有些問題。最近一次的突然發病，讓我察覺到其他前世也跟這個始終未能痊癒的病症有關，而問題的核心一直是「責任」。

有時候，前世的資料會揭露一些讓我們覺得內疚、犯了錯，或在某方面得負責的事情。畢竟，每一世的生活都是我們永生過程的一部分，而且我們共享的意圖也會驅動我們去經歷不同形態的經驗——其中有好的，也有不好的。但是，為了過去所犯的錯而責怪自己並不會讓現在變好。我們必須記得的是：每一世生命都有它的情況、背景、環境及能量，而我們在當時已盡力而為。

我必須做到的事，一是放下因男孩病死而刻劃在潛意識裡的自責，二是解除我投射到許多其他層面的責任感。在這一世，內疚、責任感和照顧他人一直都是我擺脫不掉的問題，而我以前不了解其中原因。原來我一直懷著要對那個小男孩負責的意圖，並將它無限上綱，因此造成我覺得自己對每個人都有責任的心境和生活方式。

當我成為精神治療師後，我是一天廿四小時，一週七天待命。我非常認真看待我的專業，甚至將私人生活放在客戶的需求之後。我一直渴望照顧他人，因而完全忘了自己。結果，每當我拒絕為自己私人的生活設下界限，或優先考慮自己的人生時，我的肺部就會受到感染。顯然的，我還沒完全放下內疚及責任感的問題。因此，我必須堅定地重新架構我的生活方式。我必須明白，我可以優先考慮到自己——我可以在愛別人的同時，也愛自己。

當我能夠設定界限並照顧別人和自己時，肺部感染和哮喘的次數就開始減少了。每當我的生活維持平衡，我的呼吸狀況也是和諧順暢。即使現在，當呼吸毛病發作，那就是在提醒我，我值得被自己優先考慮及照顧。

同樣的問題會回來，人也是。在前世回溯中出現的男孩，在這一世也以非常重要的方式出現，因為我還有另一個課題要從他身上學習，這我會在稍後討論。但現在，請牢記在心：不是每一個業力關係你都必須承擔。

前世經歷在身體出現信號

你的四周有許多前世的信號，只要看看你的生活模式就可以察覺。我從本章起會陸續提出問題，你可以開始在你的日誌裡探討。你可能自然而然就對這些問題有答案，也或者你需要花點時間思考和內省。接下來的冥想練習能夠幫上你。冥想是一種與身體的對話——你可以試著跟你有問題的身體部位安靜溝通；放鬆心情，敞開你的心，傾聽來自內心的答案。

練習1　冥想——與身體對話

調整到一個舒服的姿勢，然後做一些淨化的深呼吸。放下所有想法、擔憂和期望。

將意念放在你想獲得訊息的那個身體部位或病症。你的意識帶著平和及開放的意圖，緩緩地到達那裡。讓你的覺知在那裡停留一會兒，接著問你的身體下列問題：

1.這件事要帶給我什麼意義或課題嗎？

維持身體靜止不動，等待答案。你可能會只接收到一個字或一個句子，把它記下來。

2.目前發生的事跟前世有任何關聯嗎？

讓自己更放鬆。你也許會看到一個影像、聽到某些話，或甚至感受到什麼。即使你現在完全不了解，但你以後會慢慢清楚它的意義。

不論接收到什麼，都把它記下來。即使一開始什麼都沒有發生，你也可以試著稍後再進行一次。你可能發現自己會在夢裡或心情平靜時接收到一些訊息。相信你收到的訊息，把它寫下來。

在你每天的生活裡已經有些很明顯的信號，進一步探究這些信號對你會很有幫助。這種有意識的思考可以在兩個重要方面發揮作用：

1. 它可以揭露關於前世和現世問題的特定細節。
2. 它會刺激深藏著編碼訊息的潛意識記憶，增加覺察的可能，因而產生意識上的重大改變。

讓我們來看看你現在身體的某些狀況，是否能夠告訴你關於前世的一些事情。要記得，並非所有病症或事件都與前世有關，然而你總是可以得到訊息——也許是個有待學習的課題、一個清除舊情緒的機會，或是一個改變不健康評斷或習慣的提醒。你的身體為你保留了許多隱而不彰的線索，而身體的不適或失調，往往就是我們可以用來檢視的現象。

當你檢視下列可能的業力線索時，寫下你想到的任何關聯性。你可能會立刻在心裡浮現對某個身體問題的詮釋，以及它在你生命中的意義。相信自己的直覺，並記下你得到的任何可能解釋。如果它的意義沒有馬上出現，你可以冥想。敞開你的心，接受這些經驗所帶來的可能意義。當你透過本書這些章節獲得更多資料後，你會開始看到某個業力側寫（*karmic profile*）正在形成。它不僅會為你的直覺探索打開門戶，還可以幫助你清理業力，並對你目前的經歷和靈魂進化帶來更多的和諧與平衡。

長年的慢性疾病

如果你長年為疾病所苦，例如關節炎、哮喘、高血壓、胃腸毛病、一再復發的偏頭痛，或是其他宿疾，病根很可能是來自某個前世或甚至好幾個前世。尤其如果你這生中大多數時間都是為同樣的毛病所苦，那就更是如此了。你很可能以前就有過同樣的症狀，或者這個部位一再受傷。

你的乙太體保留著未被治癒的記憶，並且一世世地把它們的振動帶到你身體上的同樣位置。譬如說，你的頭部在前世曾經受過傷，它可能會導致你現在有長期的偏頭痛。因此，探索前世所經歷的情緒和曾經做下的結論，就變得相當重要，因為這樣你才能釋放和反轉它們。了解並反轉過去和現在的能量問題，會將它們從你的業力編碼中清除，並且療癒你這世的身體狀況。

在最近的一次研討會上，有位女士抱怨她長期以來有嚴重的胃酸逆流問題。當她說起自己的情形時，我眼前浮現出她前世的一幕情景。畫面中，她是一名奴隸，從非洲被帶到美國。他們在恐怖的船上被鍊在一起，被迫以一種「肩並肩」的斜靠姿勢坐在船尾。她被餵食的食物非常少，而且根本難以下嚥。坐在左右搖晃的船裡，面對爬滿蟲的食物，她根本吃不下任何東西。那種悲慘、怨恨和無力感，在她的能量記憶和永恆意識留下了紀錄。

經過更深入的探索，我們發現她這世的母親就是那一世捉她的人，而現世關係的振動，也反映出她缺少自由和力量。她的靈魂渴望她能清除舊能量與悲慘的結局——並根據她的永恆價值與無限的力量，重新定義自己。她不僅需要釋放束縛她靈魂與身體的往事，同時也必須將此落實在她與母親的關係上。她知道，她需要設定界限，取回她的力量，必須清楚地讓她的母親知道，她要拿回控制權。

練習2　為身體的毛病找出源頭

花點時間，快速寫下在此生你需要處理的身體問題。它們是否讓你想起任何與前世有關的可能性？你認為這個訊息或課題的意義是什麼？而你個人能夠做出什麼樣的改變來支持自己去學習這個課題，以及支持你的靈魂想要主導和成長的意圖？

這是重要的一課：每當我們想要著手療癒前世的問題，我們必須以我們現在的抉擇、行為和信念來支持它！

過敏、哮喘及其他呼吸問題

我們之所以會有各種過敏和呼吸毛病的原因很多，而且可能源自前世和今生。會造成過敏性反應甚至死亡的嚴重過敏，很可能可以追溯到前世極端傷痛的經驗。長期但非致命性的過敏症狀，例如皮膚疹子，可以指向前世的怨恨。我有一位客戶，她幾乎對所有的金屬過敏，身上無法佩戴珠寶首飾。銀飾會讓她癢得特別厲害，還會起疹子。在進行回溯催眠時，我們發現她以前曾在科羅拉多州的銀礦辛苦工作；難怪這一世，她置身在封閉的小空間也會感到不舒服。雖然這兩個問題對她不致造成危害，卻是困擾她已久的長期毛病，而當她發現這兩個問題竟然有關時也大感驚訝。

過敏症也可能與前世的職業或居住地區有關。例如，我以前有位患有乳糜瀉的個案，她對麩質嚴重過敏，而麩質在麥類食物裡極為常見。我們發現，她曾是美國三十年代沙塵暴時代[1]奧克拉荷馬州的一名麥農。雖然她很努力工作，想挽救她的農場，最後還是失去一切，包括她的小嬰兒。這個令人傷痛的事件在情感上帶來強烈衝擊，傷痛的細胞記憶不僅導致她的腸道疾病，還造成她對財務損失的深刻恐懼，以及這一世對孩子的過度保護。

呼吸方面的問題則可能指向某個因窒息而死的前世。它可能是真實發生的窒息，或是一種隱喻：比如你不被允許做自己，你的需要不受尊重，或是不被允許表達感受。喉嚨的毛病——不論是否和過敏、感染或其他原因，例如和癌症有關——則可以指向真實的勒殺或一種象徵，意味著你以前不可以、不被容許說真話。如果你現在有喉嚨或肺部的問題，請想想這可能是給你的一個業力指示——**請尊重你靈魂的意圖：在人生的每個關係和領域裡說真話，並真實做自己。**

當然，呼吸問題也可能是因為目前不當的行為所造成的，例如抽菸，但會對這種上癮行為感到難以抗拒，也可能是前世的編碼所致。重要的是，不要陷在究竟是源自前世或這一世這類的細節裡。如果某件事對你很重要，你就要找出它的課題，那才是開啟你業力編碼的鑰匙。

練習3　查出過敏症狀的根源

你有任何的過敏問題嗎？如果有，它們是什麼時候以及如何發作的？你認為它們代表了什麼？是否牽涉到特殊的職業或地區？你的皮膚或呼吸的情況如何？與自己的身體進行對話，看看有無任何需要解決的長期身體問題。

1 dust bowl，指一九三〇年代熱浪襲擊美國，造成美國中西部、加拿大一帶嚴重沙塵暴，導致該地區農業嚴重受損，數以百萬計美國人流離失所。

斷裂、受傷及手術

不論任何時候，一旦有侵入式的身體創傷，很可能身體的那個部位在很久以前就曾經受過傷害。我有位個案，年輕時因一場車禍撞斷了兩條腿。由於傷勢非常嚴重，他必須接受好幾次外科手術，在腳上打入鋼釘，把骨頭重新接起來。當他從麻醉醒來前，做了一個鮮活的夢。在夢裡的那一世，他是個石匠，正在興建一座教堂。他工作的那面牆塌了下來，正好倒在他身上，壓斷了他的雙腿，使得他無法走路。在那一世的剩餘歲月裡，他只好和母親住在一起——一輩子未婚，而且始終活在憤怒和沮喪裡。

在這一世的車禍意外中，他雖然也受傷，但沒有前世事件那麼嚴重。幸運的是，現代醫學確實能夠修復身體。總之，這個前世事件揭開了對他十分重要的一些問題。譬如說，為何他會如此依賴母親，以及為什麼二十八歲的他依然害怕獨立自主。在他從最後一次手術恢復過來後，他終於能夠跨步前進，這不只是比喻的說法，事實也是如此。雖然車禍和手術過程非常痛苦，但他終於能把這個意外事件視為祝福，看成是從被深刻編碼的舊模式釋放出來的催化劑。直到他成功釋放了這個舊模式，他才領悟到他的恐懼和孤單是如此深刻。

練習 4　身體的創傷要告訴你什麼？

你曾經接受過任何外科手術，或是受過傷嗎？想一想，某個舊傷是否是你未能解決的課題？想一想，過去的什麼事件可能引發你現在的經歷？跟受傷的那個身體部位對話，並且問自己能做什麼，以便釋放那些舊情緒並建立新結論。傷痕，甚至胎記，也可能指向前世的創傷事件。

花些時間去探究，它們可能帶給你什麼現世意義。

嚴重或致命的疾病

危急或重大傷病——不論是發生在你或是你愛的某人身上——都帶有非常重要的課題及前世關聯。極端的難關，通常是用來教導我們有關信任、放下執著眷戀，或是與神性源頭重新連結這類的事。這些事是如此重要，因此往往會在我們的身體和永恆的生命中強制進行一些重大改變。

我是從一個好友的生病和死亡領悟到這一點。我曾在《顯化之書》談到她。派特被診斷患有肌萎縮性脊髓側索硬化症，即俗稱的「漸凍人症」，她在幾年間逐漸失去了活動的能力。最後，她過世了。在她過世前，我們曾多次談到這個病症帶給她的學習機會，以及她所獲得的一些有意義的結論。

她認為她的主要功課是放掉控制欲，以及擔心別人會怎麼想的習慣。這些向來是她的主要問題，而她認為諷刺的是，過了大半輩子試著操控所有事情的人生後，現在的她甚至無法控制自己的身體。她要求我告訴所有的人，絕對不要擔心別人會怎麼想。這浪費了她好多時間，她希望其他人不必像她一樣，必須經歷這麼極端的狀況來學習真正接受自己的價值。

對她來說，這些是重大的人生功課，但她也相信，最重要和最關鍵的是伴隨疾病而來的靈性覺醒。她從以前就一直練習不同形式的冥想、祈禱及吟唱，而在她生病後，這些都成了她內在由衷的體驗。在此之前，她是個凡事喜歡分析的人。

她常說，是靈魂的這些體驗幫她度過嚴峻的考驗，並賦予她生命中所有事件的意義。她看到並感受到了神的存在，而且以一種她以前絕對無法理解的方式了解事情。儘管受苦，她也因為內在的覺醒，達到了一種深刻的平和與寧靜。

請記得，你的永恆靈魂看待塵世死亡的方式跟你現在的人格並不一樣。死亡只是一個前往其他時空的移動，一個與朋友和家人的短暫分離。真正的時間——靈魂的時間——發生在一瞬間，而在其中並無分離，因為我們的的確確都是連結的。

靈魂的進化很神祕。有時，我們根本無法理解我們永恆不朽的身分在為我們選擇這一世的課題時，想的是什麼？然而，去尋求更多和更深的了解，永遠是有價值和意義的練習。畢竟，我們回到地球的原因，就是要往前邁進。我們體驗各式各樣的痛苦或喜樂，是為了要學習、感受、了解和成長。從靈魂的觀點來看，每一次的經歷都是一個機會，而這有賴你深入挖掘，並讓它為你的生命帶來真正的價值。

第五章

你是誰？他們又是誰？

你是否曾暗自納悶是什麼讓你成為現在的你？到底是哪些因素造成了你這樣的人？當然，你的構成有相當重要的一部分是來自父母的心理與情緒輸入。我們將在下一章對這些要素進行更多討論，重要的是記得，即使是你與父母的關係，也可能是前世就播下的種子。

一個人的人格形成有諸多因素。最深刻的要素會顯現在我們的信仰系統，這些因素也是我們思想和做選擇的基礎。我們也會受到自己的好惡、喜悅與才華所驅策，包括了在我們漫長、未知的生命歷史中那些微妙的差異。

你的永恆意識是一個資料場，它累積和儲存了亙古以來的資料。它和記憶、個人的偏好及那些深藏於心，甚至連你自己都未曾意識到的渴望與厭憎一起被編碼。隨著時間流逝，許多在情緒衝擊上較弱的記憶會漸漸淡去，而更多記憶被添加進來。然而，即使是許久以前的編碼，也可能會在今日浮現。

讓我們先來看看可以被用來辨識前世生活細節的一些較明顯的特徵。當你閱讀下列的人格要素時，請把直覺接收到的任何訊息都寫下來。保持開放的心與腦，看看這些要素是如何在過去被編碼——以及如何影響你的現在。

瀏覽下列清單時，記得好惡兩方面都要考量。強烈的抗拒就像強烈的吸引力一樣，都可能源自於前世。現在，就讓我們回顧那些編織出你現今的人生旅程和今日的你的眾多事物。

完成一份你自己的業力側寫

如果你看過現在大受歡迎的真實犯罪影集，你往往會在劇裡找到一名「側寫員」，他累積了有關嫌犯的大量資料，包括喜歡吃什麼、喜歡到哪裡進餐，會穿哪一類衣服等等，幾乎無所不包。這些累積的資料，提供了嫌犯的全面寫照，而即使是看起來並不重要的小細節，都可能透露出某些訊息。

你可以成為自己的業力側寫員。透過有意識地察覺自己的天性，你可以追蹤你的業力身分，並有機會接觸到更有價值的資料。你可以因此更容易確定什麼是你想要改變的模式，以及你想要提升加強的模式。

找出你的個人風格

花點時間去想想你最喜歡的事。你喜歡什麼樣的音樂？你是否被美洲原住民的民俗和藝術所吸引？還是你喜歡傳統歐洲作曲家的交響樂和芭蕾舞？有沒有哪種樂器特別受到你的青睞？假如你在這世不曾學過某種樂器，卻很愛聽那種樂器或音樂類型，很有可能你在前世曾經演奏過那種樂器，或是大量接觸過那類音樂。

文學與藝術、服裝和設計風格，甚至對建築的偏好，全都可能根植於前世的經驗。如果你喜愛亞洲藝術，或因被吸引而信仰不同文化的宗教，你很可能對這些領域有著美好的記憶。如果你厭惡亞洲文化，或是對外國文化、宗教有主觀的批判，很可能是因為你對這些地區有過不愉快的記憶。

事實上，普遍的趨勢可以用來說明一個大團體的共業。即使這些人在某個前世並不相識，但許多同一時期的人一起在同個時代轉世是很常見的事。這樣的群體意識可以創造一種共同的興趣，使得他們先前曾經共享的文化、藝術、文學和其他元素再領風騷。

例如，在一九八〇年代中期，維多利亞風格的新建築甚受歡迎。全美各處都在興建具古典風格的新家，包括迴繞式的走廊、華而不實的雕刻裝飾，以及其他類似元素。我相信，許多曾經生活在維多利亞時代的人，在大約同一時間投胎轉世了；而當他們要蓋或買自己的房子時，就自然會回到令他們覺得舒服和熟悉的風格。

我知道我也曾經生活在維多利亞時代。我有許多自發性的記憶，還有一些因觸發而產生的相關聯想（及回溯）都指出同樣方向，我心裡對此也毫無疑問。一直以來，我就特別喜愛那個時期的文學作品，包括狄更斯、渥茲華斯（William Wordsworth）及柯南・道爾（Arthur Conan Doyle）的作品。我家貼滿了前拉斐爾派（pre-Raphaelite）的海報，那是十九世紀英國畫家的藝術派別，他們所畫的美麗天使、震人心弦的主題，以及令人嘆服的風格，已是我生活的一部分。我不知道這其中有多少是因為這一世的欣賞，又有多少是出於前生的眷戀。然而，我不認為這很重要，因為我相信，不論是現在或過去的經驗，它們都曾觸動我的靈魂，並且留下平靜且令人愉快的記憶。

藝術、音樂和食物，這些都可以是前世時代和居住地的指標。地區本身也有這樣的功能；想想那些吸引你的地方，或你總是想去造訪的地點。

你比較喜歡哪種氣候？大城市、海濱沙灘和積雪的高山，哪個比較吸引你？甚至你或你祖先的家鄉，也能顯示與前世的關聯。

我以前有位個案詹姆士，他的祖先是法國人。他堂兄的家族在紐奧良安家落戶，他則落腳在紐澤西，從事營建包商的工作。他向來喜愛爵士樂，很年輕時就開始吹奏薩克斯風。進行回溯前世的催眠時，我們發現詹姆士曾經是位黑人音樂家，在爵士樂的早期年代居住在紐奧良的法國區。來自前世體驗的深刻感受讓詹姆士很想放棄他在紐澤西的營建工作，轉而追尋和音樂有關的職業。

他遵循著內心編碼的渴望，在回到紐奧良後獲得一份在法國區演奏爵士樂的兼職工作，並在這個被卡崔娜颶風摧殘後，正進行重建工程的地區繼續他的營建工作。他現在覺得他是因為這兩個目的而被召喚到這個城市，而每一個目的都帶給他美好的滿足感。

花些時間去思考所有的元素。就你個人的風格而言，你喜歡什麼？不喜歡什麼？你對藝術、音樂、建築、時尚、文化和宗教的偏好和厭惡又是什麼？

把你對以上這些領域的好惡都寫下來。就地點、年代及其他前世經驗的可能元素來看，你覺得你的好惡分別顯示了什麼？

即便像你最喜歡的顏色或你最討厭的食物這樣簡單的問題，都能指出某個連結。如果你特別迷戀紫色，總是穿著紫色衣服，連周圍環境也以紫色布置，也許你在某個前世曾經是皇室的一員。如果你無法忍受海鮮的味道，你可能曾在漁船或海濱市場工作過，而你已經受夠那個味道了。

工作、才華、興趣及副業

你以什麼工作維生，以及你在工作之外的興趣和嗜好也很重要。你經常或是每天在做的事會持續影響你，它也很可能跟某個較早的前世有關。事實上，任何佔用你的時間、興趣、熱情或注意力的事，往往是你業力編碼裡不變的部分。

想想你的才華。是否有某種運動、樂器、遊戲或語言，你自然而然就上手了？在年幼時所展現的才華或對事物的熱情尤其是前世愛好的明顯指標。莫札特在五歲時就會彈鋼琴，甚至開始作曲。當某人在如此年幼就展現特別顯著的天賦，很可能他在許多前世都從事同樣的活動。然而，我們也不要忘了來自聖靈的靈感和啟發。當我們的靈魂被召喚進行創作時，那些肉眼看不到的靈界朋友，常會提供我們充滿愛的指導。

職業、興趣及嗜好，也能透過前世的經歷連結起來。如果你現在集郵，你有可能以前曾經在郵局工作。如果你現在的工作是從事景觀設計，那你很可能在一個或好幾個前世都很喜歡園藝。如果你以前曾經是藝術家，今天你可能對繪畫或雕刻有很深的渴望。

然而，對於特定職業的渴望，也可能指向前世某個未獲滿足的期望，而不是過去成功經驗的編碼。我有過一位名叫莎拉的個案，她很想成為受歡迎的女演員。她參加許多角色的試鏡，也得到了幾次機會，但從來沒有獲得她想要的一炮而紅的成功。事實上，她對名氣的沉迷不僅令她一事無成，也使她過得很痛苦。她完全失去了生活和個人目標的平衡，她將她能否快樂的可能性只界定在是否達到成名的特定目標上。

當她來找我諮商什麼可能是阻擋她能量的原因時，我告訴她最重要的宇宙法則之一——矛盾意圖法則。這個在個人能量裡非常重要的因素，揭露了我們越是迫切想要達成目標，我們這種對需求的渴望能量反而會把目標推遠，並創造出和我們意圖背道而馳（也就是矛盾）的結果。如果莎拉想要打破這個法則的控制，並在演藝事業或任何方面獲得成功，她就必須放下她的迫切。

為了做到這點，我們把重點放在莎拉渴望受到讚賞和自尊的議題上，這是她畢生掙扎的兩個問題。她一直沒有察覺到她想成為女演員的一個最主要動機，就是想向自己和愛批判的父母證明她的價值。但我們的探索並不僅於這個重要議題，我們也做了一次回溯催眠，看看這個一直存在的需求是否源自於更早的時候。

我們發現，莎拉在某個前世是一位叫「羅伯特」的男子，而他也確實是個演員。在電影尚未問世的那個年代，他是個長相英俊的舞台劇演員，試圖打入百老匯，但都只是在巡迴演出中演些小角色。因此他總是奔波於途，並且財務困窘。

不幸的，他的情人是個有名的女演員。她會垂青他是因為他的長相，但她也希望他既有錢又有時間陪她。她向他下了最後通牒，她說如果他無法在一定的時間內登上百老匯舞台，她就會離開他。

在進行回溯催眠時，莎拉感受到那股迫切想成功的想法深植在她心裡。她看到自己身為這名年輕男子，帶著行李和戲裝，搭乘老式火車，從一個城市旅行到另一個城市。她可以聽見火車引擎軋軋作響地前進，還有鐵軌的隆隆聲。她在回溯時一直能夠感受到羅伯特的焦躁不安——煩惱著要如何才能聲名大噪，以及懷疑他愛的那位女子是否已經愛上了別人。

當我們更深入探究時，她發現在那一世，那個有名的女演員已經移情別戀，而羅伯特則一生孤單受挫。巨大的失敗和被拒絕的感受被編入莎拉的永恆意識。這不僅在當時影響了羅伯特的自我價值感，在現世的她仍然能夠感受到那樣的感覺。然而，在那個悲傷的前世和這一世之間，還有更複雜的關聯。

莎拉後來知道，那個在她前世出現的女演員，是她這世心懷成見的父親。雖然她的父親並沒有特別針對她的演藝事業說什麼，卻不斷地對她重複灌輸「妳必須成功才能得到我的喜愛及認可」的想法。

情況很清楚了，莎拉的靈魂功課和業力指示，就是要她更深刻並真實地了解自己的價值。突破的時候到了！莎拉需要釋放她的情緒能量，也必須解構對自己沒有價值的錯誤定義及編碼。她必須看到她自己不朽價值的真相——她必須根據自己靈魂的本質（而不是職業）來重新定義自己。

莎拉使用本書第八章的釋放及肯定語技巧，持續努力改變她的信念。她很驚訝地發現，她並不是真的渴望演戲。因此，她為自己打造了一個教書的新職業，而這才是她真心喜愛的專業。莎拉繼續探索靈魂為她準備的課題，她敞開心並讓生命得到平靜。這個平靜來自於她釋放了迫切的心態，並真正地榮耀自我。

當你開始探究你在職業、熱情和嗜好背後的歷史時，你會發現有趣的訊息。檢視一下你在這些領域的經驗。你遇到挫敗嗎？你渴望改變嗎？或許就像詹姆士的情形，那原本就是你該走的路。或者，你可能和莎拉一樣，被來自前世經驗的渴望所誤導，而這個前世有個重要的課題和一份珍貴的禮物。你可以針對這個或其他議題進行回溯催眠，發掘出來的資料可能會令你自己都深感訝異。

一切都息息相關

在我們用來探索業力資料的所有方法中，最明確的方式之一，就是從對我們最有意義的關係著手，深入探究其中錯綜複雜的事務以及細節。就如我先前提到的，一群人選擇一起轉世是廣被接受的轉世原則。莎拉透過和父親靈魂的重聚，重複她的自尊問題，這種情形不算罕見。

我們之所以一起輪迴，有兩個重要的原因：

1. 在真實的情感和能量方面，我們已經彼此依附。
2. 在個人的進化上，我們一起合作、互相幫助。

在量子物理中，有個被稱為「量子糾纏」的現象。它所顯示的是：兩顆曾聚在一起的粒子在分開後，兩者都無法不受對方影響地獨立存在——因為每顆粒子都取得對方的部分本質，成為自己的一部分。這個現象也可以在人類經驗中找到。當我們和別人在一起的時候，我們能夠接收到他們的能量，就算分開許久，還是可以感覺到對方能量的影響。我們每一個人都有自己的共振場，它們會相互結合、連結，並留下殘存的振動——前世也是同樣的情況。

這就是為什麼確認各種關係在情感和認知上帶給我們哪些課題會如此重要。如果人生像打電玩，我們再也不用去扮演被各種反應彈來彈去的彈珠，不必和人們繼續糾纏，並一直將他們的能量和評論背負在身上。我們可以選擇去療癒、釋放過程，並且繼續前進。

這就是療癒的第一部分：有意識地自我掌控，釋放不健康的情緒和信念，並且建立一個愛自己和自我賦權（self-empowerment）的全新模式。我們不再只是在自己的人生電影裡演出一個角色，我們可以變成導演。事實上，這也是靈魂渴望的方向。無論我們面對的是時間分配、待人接物，或是讓別人正確對待我們的問題，都可以鼓起勇氣、喚起意識，大步向前邁進。

家人與朋友

親近的友人、夫妻、父母與孩子，這一類有高度情感的親密關係，通常就表示在好幾個前世曾經相聚過。能在我們心中產生有如兄弟姐妹般情感的好友，通常前世就是同胞手足的關係。前世的家庭成員，常常會以團體的形式一起回來，有時候角色照舊，有時則角色對調——比如母親變成女兒，父親變成兒子，丈夫變成妻子。

所有這些深具意義的關係，都隱含著重要的課題，而其中最神聖的就是親子關係。我們的信念和行為，是在微妙且脆弱的童年時期就被定型，因此身為父母，我們對孩子有高度的靈性責任，如果父母將有害的包袱帶入親子關係裡，就會製造出可以延續好幾世的業力模式。

從另一方面來說，如果我們在這一世曾被父母傷害，我們的業力指示會引導我們去釋放這些情緒，療癒受傷的能量，並徹底改變我們曾經緊抓不放的錯誤訊息。我們的靈魂知道我們真正的價值與力量。如果我們在童年時期無法以健康的方式得到正確的認知，長大後，我們必須成為自己的父母，充滿愛心地給自己獎勵、給自己愛，以及身為永恆生命所應得到的認可與欣賞。

戀愛、忿怒及愛恨

愛與恨是兩種極端的情感，也是前世關聯的顯著指標，不論這種連結是浪漫的愛或其他類型。我們通常不會在一次的轉世就與泛泛之交發展出親密的連繫，我們是在持續行進的生命旅程中慢慢地深化關係。我們可能遇到某個人，並且在數年當中比鄰而坐，享有同事之誼，然後在後來的轉世成為親密的朋友，甚至家人。在許多世之後，我們甚至發展出更深的親密感，而到了最後，我們可能與這個在以前僅是泛泛之交的人成了同床共枕的夫妻。

在情緒和心理上，我們與父母的關係可能對我們的人生最具影響力；而我們的婚姻和性關係，則往往是最複雜的。如果我們前世曾和某個人一起體驗過性、激情和一發不可收拾的迷戀，當我們這世再次和那個靈魂相遇時，這些感覺會令人難以抗拒，這往往可以解釋「一見鍾情」的現象。而我們沒意識到的是，這根本不是第一次見面。我們以前就認識這個人，並在某個前世曾經有過充滿情感——甚至激情的——經驗。

就靈魂課題而言，這會產生一些困惑。有人相信，如果一段關係的連結是如此深刻，他們的宿命就是要一起生活，共度餘生。他們使用「業力關係」這個名詞，意指和那個人在一起是他們的命運。然而，事實並非如此！業力關係指的是你們以前曾經在一起，並不代表你們還要在一起。

我曾經有個案例，她和一名男子同居，對方不但會言語暴力，有時甚至還會肢體暴力。透過回溯催眠，我們發現，這個暴力模式並不只發生在這一世，同樣的情形前世就發生過。就像許多在前世經歷過家暴的婦女一樣，我的個案在社交及經濟上都是弱勢，所以她覺得自己不得不跟對方一起生活。由於她覺得自己沒得選擇，因此被多次拋棄、漠視，甚至被傷害後，也都心甘情願。然而，在每一世（包括這一世），他們一開始的關係都是深情又熱愛彼此，只是隨著時間推移，伴侶的暴力傾向就開始出現，而他在事後總會表現出深切的悔恨，以及想要改變的真誠心意。

起初，女子認為這是她的現世業報，她必須留在他身旁，繼續給他無條件的愛來幫助他改變。然而，真正的根源是她不尊重自己，讓他一再重複長久以來的模式。她的課題其實是要學著離開他，學會愛自己，知道自己值得更好的對待。

他們會再度重聚，是因為她可以藉著今生的這次機會做出合乎靈魂意圖（即是尊重自己）的決定。她也必須從中學到，這一世會不一樣，她能夠照顧好自己。在這個案例裡，業力關係帶來的課題是自我賦權與放手，但是在重要的意識轉變發生之前，這樣的過程會不斷地重複。

想想你與家人、朋友及摯愛的關係。你是否在跟他人相處時，或他們在對待你的方式上看到任何模式？你從前世帶來的課題，可能是什麼？請記得，這些模式裡，可能也隱含著你與自己如何相處的功課。

不論你對某人有強烈的愛意或極度反感，這樣的情緒連結都帶有一個重要的訊息。它的意義可能是為自己挺身而出，或是說出你埋藏在心中的真話。也可能是要你活出真實的力量，不再當個受害者，或生活在痛苦中。你有取回力量的選擇並了解你來到人世的目的。如果你能在此時此地，在現在的關係裡，找到並活出你的真理，這將會改變你的這一世和來世。

第六章 情感模式會惡性循環

人們常問我，我們是否帶著個別的性格，以及所有的心理挑戰與情緒回到人世？一個常見的相關疑問是：我們已經有那麼多個人的問題，為什麼靈魂還要重提舊議題？對於這個問題，答案是：如果我們有未完成的事以及被誤導的信念，那麼我們就需要清理——我們需要提升到一個真實與平靜的更高層次，並且對我們自己和他人有更深和持續的慈悲心。也因此，第一個問題的答案是：「沒錯！」——只要我們有需要處理的情緒，我們就會繼續帶著它前行，直到它被療癒或解決為止。

然而，那些尚未解決的問題有可能以完全不同的方式顯現。正如下面我們將會看到的情形，我們的業力編碼會反轉我們所扮演的角色。譬如說，某人在某世可能很殘暴，虐待自己的孩子使他們順從，但是在下一世，他有可能是因為被虐待而服從的小孩。

這兩個情況看似相反，其實不然。在這兩種例子中，要學習的課題都和真正的力量有關。雖然嚴格來說，行為的課題不同，但業力的意圖卻是一樣的。父母和子女雙方都需要學習如何賦予自己真實的力量——以真正的力量去生活、說話及行動。

這樣的關係議題在今天非常普遍，現在就讓我們更深入地看看這類的業力模式。就殘暴父親的情形來說，他的心理特質，使得他透過控制和貶損別人來尋求虛假的力量。但他的業力指令是去學習以禮和愛待人，尊重別人，不虛張聲勢。他的靈魂期望他平等看待別人，而且對人慈悲。在尋找靈魂真相時，真正的力量是來自內心，而且永遠不需貶低他人。

而對逆來順受的個案而言，受虐者的業力指令也是要取回他真正的、永恆的力量。雖然這對一個童年時期飽受虐待的人來說可能很困難，但為了徹底解決這個問題，就必須做到才行。對順服的人而言，靈魂的意圖是要他學會尊重自己，不論他曾被教導何種錯誤訊息，他都是有力量的。他必須學習為自己發聲並採取行動，才能獲得他「真正的力量」。在重新喚醒靈魂真相的過程中，他必須知道他值得把自己放在第一位。他必須選擇尊重自己，並在堅持別人尊重自己時，承擔可能的風險。

這些都可能是艱難的功課。對那些長期以來傲慢自大的人來說，他們往往認為那就是他們真正的力量所在；而對那些一直都很消極被動的人來說，恐懼和順從已深深編進他們的生命密碼，他們完全不知道自己也有力量，也不知道要如何展現。直到他們願意放棄被曲解的假設，他們才能把平衡重新帶回到他們永恆的生命。他們可能一世接一世地重複扮演同樣角色，或是在受害者和施虐者之間一再變換角色。而不論是哪種角色，處理「真正的力量」這門課題的機會將不斷出現，直到靈魂取得成果為止。

這是為什麼在業力層面而言，親子關係會如此重要。首先，親子關係是我們在這一世心理、心智與情感模式的基礎，它也為我們提供了成年後的關係架構，並持續給我們機會去療癒或是強化源自年輕時的問題。

即使略過業力的關聯性不談，了解這種連結所能產生的強大心理驅動力還是很重要。舉例來說，如果我們曾被父母拒絕或拋棄過，我們事實上會把它投射到我們的心理性的動機。你可能聽過「我們和父母結婚」（意即找跟父母相似的對象結婚）這句話，這在本質上是真的（出於無意識），因為我們在試著解決源自於親子關係的未竟之事。

如果我們沒能從父母那裡得到渴望的愛、感情或認可，我們就極可能會被一開始就有距離或甚至不友善的這類人所吸引。這個心理，是試圖去補償某個從童年時期就失去的東西。

若想透過交往得到認同，這種努力注定會失敗，因為我們總是會挑到某個跟我們父母一樣，拒絕給我們愛的人。如此一來，業力問題不僅在童年時期重複，還會持續到成年後的生活——這樣的狀況，至少會持續到我們能正面處理自我珍愛與自我榮耀的靈魂意圖為止。

業（因果）的心理學

我們心理結構的主體來自父母，但我們和父母的關係及情緒問題，也可能源自前世的經驗。遺憾的是，有些人會以此為由而放棄自己。他們認為，既然這是業報，那他們也無能為力。然而，恰恰相反。事實上，了解我們現在的心理狀態，對於我們找回這世的力量和前世的療癒都有很大的關係。

真相是：掌握我們這一世察覺到的情緒及行為問題，我們就有力量改變幾世以來的循環模式；因為我們想要達到心靈平靜、愛自己以及自我賦權的意圖，對於改變我們被編碼的意識會很有幫助。

我們現在不僅能透過心理學的方法來處理那些問題，我們也可以選擇探究與此有關的業力，並在更深的層次上進行療癒。

現在我們就透過情緒模式來追溯業力關係，看看一些最常見的問題。

心情、情緒及性格的模式

我曾有位名叫薛莉的個案，她來找我時，患有長期的低度焦慮。她的身體飽受肌肉緊繃、頭痛、心跳加速和不安所苦——當她為某些計畫煩惱時，例如要辦大型派對、為她丈夫的商業夥伴辦一場晚宴，或甚至只是規劃一次家庭假期，這些日常症狀就會變得更嚴重。

我們在探究薛莉的個人歷史時，發現她母親總是以最高標準來要求她：要求她在校表現優異、謙恭有禮，還要以完美的外表示人。簡言之，薛莉的母親是一個百分百的完美主義者。我的個案後來也變得和她媽媽一模一樣。

薛莉長大後，認為要得到她母親（或其他任何人）認可的唯一途徑，就是在各方面都做到完美，並根據別人想像中的期望來行事。不幸的是，對完美的要求讓她充滿了壓力；而她下意識總會要求自己看起來體面、說話得體，並且當一個最好的妻子和母親，這樣的驅動力，成了長期焦慮的源由。

她的治療有三個重要的步驟。首先，她需要表達出她對問題本身及其來源（她母親）的情緒，她需要排解她的完美主義所製造出的恐懼、不被母親所愛的悲傷，以及她因此而失去的快樂與心靈平靜。薛莉也用日記表達對母親的憤怒，包括扭曲她真正的價值，以及不能給她每個小孩都應該得到的無條件的接受。這個練習並不是要她去責備誰，而是把憤怒發洩出來，如此薛莉才可以擺脫她的負面情緒結構和能量。

第二步，重新架構她母親教給她的謬誤結論。薛莉必須要放掉她必須完美才能贏得認可的錯誤假設，她也必須放掉那些她加諸己身，用來支持此一謬誤信念的要求。她的家、車子及外表，再也不用保持完美；再也不必設法讓每個遇到她的人都留下深刻印象。這意味著我的個案要建立一個全新的信念體系，她必須把自己定義為不需要任何條件或表現，就是個有價值和完美的人。

薛莉非常努力地去改變她完美主義者的想法，她對她的情緒品質負起責任，並且創造了她所需要的意識轉換。雖然這很花工夫，但她第一次有得到自由的感覺。她再也沒有出現長期焦慮的症狀或不停擔憂。她終於感到自由、平靜和放鬆——除了一個領域。

雖然薛莉比以前要自在多了，但她還是不願放棄在工作上的完美要求。她在家裡和社交上已完全轉變，但在工作上，她依然是以前那個總是擔心並追求表現的她。她明白，這都是她自己給自己的要求，因為她從未接到來自上級的任何批評——至少這一世是如此。由於最後這個問題似乎仍未解決，我們決定做一次前世回溯催眠。結果我們發現了非常有趣的事。

薛莉這一世的母親，在某個前世是一所要求嚴格的私立學校校長，薛莉當時是其中一位教師。抱持著完美主義要求的校長總愛拿她開刀，校長總是批評一切，從她的外表和教室的清潔程度，到她的教學技巧和她學生的行為。

情形再明顯不過了，雖然薛莉能夠釋放掉她母親在這世的許多教導，但她在工作方面還殘留著老舊編碼裡的恐懼與要求。在回溯催眠後，她持續去重新架構她在工作方面的信念；此外，我們也增加了釋放、重新編寫及肯定語的練習，好使她那些被深深編碼的完美主義特質能夠停止。

記得，不論是否有業力元素的存在，你的情緒經驗和認知結構之間——也就是你的感受和思想之間——總是會有某種關聯。不論前世發生過什麼，負面情緒都意味著恐懼、批判或悲觀的信念。這些不正確的想法必須在這世重新架構，而來自前世經驗的任何不健康的評斷，也需要被完全清除。

這個能量結構的二元性很重要。假如你有沮喪、憂鬱的傾向，可能你年輕時在情感或情緒上曾經被壓制，但也可能是來自前世某個令人感到絕望的結果。自尊心低落可能源自於飽受批評的前世，但你現在所受的折磨也可能有它的影響。前世的影響、今生的成長，以及至今仍未能解決的情緒問題，這三者之間明顯都有關聯。

你靈魂想要做的事情之一，就是清除你永恆意識裡任何不真實的成分。因此，在這一世持續存在的有害思想，比如「沒有力量」或「不值得」，如果現在不清除乾淨，它們將會被帶到未來。如果你能在認知、情緒及業力層面進行全面性的清理，透過釋放這些負面感受、清除業力，以及重新架構你的信念轉向健康的想法和意圖，你不僅能重新恢復個人能量場的平衡，也將為你目前的生活及靈魂未來的進化，帶來戲劇性的新方向。

你想要活在什麼樣的情緒裡？它們揭露了哪些有關你的成長，以及你至今依然緊抓不放的信念？你如何能夠改變過去不實的評斷和現在的有害信念，以便培養一種更美好的幸福感與自尊？

好好檢視你的想法和情緒，它們可能會揭露一些前世經歷。永遠要有意識地試著相信自己，相信你的力量，以及相信你擁有無限的價值。這是你靈魂不變的永恆真理。

上癮

就像情緒和性格模式一樣，上癮的源由可以來自今生和前世。此外，有些對物質的上癮，例如酒精，也可能有遺傳的成分。酗酒者的小孩，日後也很可能會對酒精上癮；而這些成癮的可能源頭事實上指向了一個更深層的業力連結。

我以前有個個案，她嗜酒成癮，每天至少要喝一瓶葡萄酒。她曾經試過一種十二階段的戒酒計畫，但還是無法控制酒癮。在做了一次回溯催眠後，我們發現，她曾經擁有一家釀酒廠，而她的酒癮就是源自於此。我們做了重新編寫的練習，她也決定，與其完全不喝酒，不如戒掉在前世和今生都讓她上癮的葡萄酒。雖然這種選擇性的節制並非對每個人都有用，卻能有效阻止她每日狂飲。她將自己的飲酒限制在每月只喝一至兩杯馬丁尼，因而成功地轉換了業力編碼。

除了酒癮，其他像是對食物、藥物和抽菸的上癮，都會衝擊我們的化學結構，並影響編碼在我們乙太體的振動記憶。這種實質的牽連，會加重此一經驗在情緒上的作用。如果我們不積極改變這一世的編碼模式，它很可能還會再次發生。

想想你對什麼上癮（很多人至少會有一樣）。你是否對任何一項物質有太多依賴，不論是食物、香菸或藥物？記得，你的業並不在乎這些藥是否經過醫生處方——任何過度使用的東西，都會變成你意識中的編碼。

也不要忘了逃避現實的動機。什麼是你試著要逃離的痛苦回憶或情感創傷？還有哪些會令人上癮的活動，比如購物、工作、上網、線上遊戲、賭博和性愛等。你是否可能對其中之一上癮？如果是，這些習性所帶給你的課題是什麼？

所有這些上癮，可能是用來幫助麻木自己的感受，但這當然不是清除業的方法。你可以使用回溯催眠和重新編寫的技巧，找到前世任何造成上癮的源頭，並且從現在就開始進行個人的療癒。你的靈魂渴望能掌控自我，而處理好這類問題就是你最好的著手點之一。

讓自己沉溺在上癮行為，只會破壞你的能量。一旦你釋放了這些問題在前世和今生產生的振動，你就改變了你的意識，並為你個人的共振帶來平衡，為緊接而來的改變建立了一個堅固的基礎。因此，不論你只是想要有個比較開心的人生，或是不想在未來再度面對同樣問題，現在就努力釋放你的上癮行為絕對值得一試。

害怕、恐懼症及執著

我在心理諮商師的工作上看過許多因創傷造成恐懼症的事件，這種嚴重且常讓人耗弱的懼怕，通常源自某個特殊的個人經歷。例如，我有一位個案，他在年幼時親眼目睹祖母心臟病發死亡，後來患了嚴重的憂鬱症，對自己心臟的狀況出現過度焦慮的情形。在這個案例和許多別的例子裡，成人後的焦慮經常可以追蹤到童年的經驗。

然而，也有無數恐懼症的例子似乎和我們這世的過往經歷關聯薄弱，甚至全然無關。遇到這類情況，回溯到久遠之前便會有很大的幫助。事實上，有不少的害怕與恐懼症是源自前世的經歷，尤其是涉及死亡或嚴重傷害時。被火燒死、淹死或墜落致死，都會造成這一世對某件事物的恐懼。

我曾經有個個案，她在前一世溺斃，她在這一世不僅有氣喘和其他呼吸問題，她也非常怕水。她的恐懼非常嚴重，甚至無法舒舒服服地洗個澡。即使只是在浴缸裡放幾英吋的水，她的氣喘就會馬上發作，必須立刻離開浴室。

強迫症是另一種因焦慮而產生的病症，主要是因為害怕失去控制。有這種病症的人，會試著以反覆的動作——透過洗手、數數字或其他的重複行為——來減輕這種懼怕。

曾經有位個案因為耽溺於「清潔」而來求助。她整天不停擦擦洗洗，碗盤洗了又洗，一塵不染的地毯吸了又吸，家具擦了又擦，因此無法外出工作或甚至離家太久。當我們進行回溯催眠，發現她在前世還是個小男孩時，就因為被契約綁住而一直為人工作。他睡在一間儲藏室的貨板上，為一位技巧高超的銀匠清潔一間大展示間的所有物件。他的監督人會檢查所有的東西，查看上面有沒有灰塵或指紋。如果有任何差錯，男童就會被毒打一頓，而且不准吃飯和休息。光是知道了問題根源，我的個案就輕鬆了許多，而在我們釋放並重新編寫那一世的經歷後，她終於能放下對清潔的執念。

你是否有任何惱人的行為模式——是否有干擾日常生活的恐懼或強迫行為？你認為它們揭露怎樣的前世生活？這些問題所隱含的課題為何？你現在要如何開始進行療癒程序？

你可以冥想並問自己：我的靈魂想要我做什麼？在這些案例裡，答案通常是「放手和信任」。

帶有你個人特色的共振是由包括了你的心智、感情和靈魂等等組成。探索前世雖可以幫助你處理許多心理上的問題，然而，嚴重及持續性的症狀，需要尋求更全面的處理方法。如果你有自毀、情緒兩極化的傾向，或進行會對自己或他人造成傷害的行為，那麼你就需要一個更具療效的模式。

允許自己敞開心胸，接受傳統和另類療法。要記得，並不是所有的心理或情緒問題都是因為前世之故。有些擔憂其實很正常——像是害怕在公共場合發言向來都被認為是排名第一的恐懼。有的問題則是和文化及環境有關。不論你可能要面對的是什麼，如果它對你的生活運作或你內心造成混亂，你就需要去處理。

放手讓自己去探索所有可能牽涉到的因素，但永遠要記得，你的靈魂正在引導你走上自我覺知及自我掌控的道路。為了平衡你的多個面向，活得有意識並喚醒你原本就具有的愛和真實力量十分重要，因為那是你從永恆過去延伸到未知未來的本質。

第七章
業的六個肇因

靈魂有偉大的渴望。你可能無法覺察到所有內心的動機，但它們卻帶著一股你無法否認的力量，驅策你的生命向前行進。事實上，即便你試著去抗拒你的課題和機會——不論它們是令人愉快或不舒服——你會發現它們將持續出現。這就是為何去尋找經歷背後所隱藏的意義是如此重要及珍貴。當你有意識的意圖能與靈魂的動機保持一致，一個奇妙的魔法就開始出現。

靈魂的驅動力，你的渴望獲得滿足了嗎？

你選擇你的職業是出於什麼因素？你在校時為什麼會選擇去修某些課程？一定是有什麼你感興趣的東西，某些你想要學習和掌握的事。

你的靈魂有著同樣的傾向，這就是為什麼它會選擇你所經驗的那些課題。你的心靈被許多渴望驅動著，而不論它們是愉悅的、冒險的或充滿挑戰，它們都可以在你永恆的生命藍圖裡找到。

練習

想一想接下來列出的幾個轉世的動機。然後以你現在的人生方向，思考這六個動機。這些是靈魂為何轉世的主要原因，而業力的肇因往往就在其中。

1 渴望

渴望是生命的一部分，人類意識的要素之一，也是你靈魂指引裡的一個重要因素。事實上，甚至在你的靈魂開始踏上重複的輪迴之路前，渴望就已經存在了。隨著每一次生命的進化，那些渴望也許已經轉換，或許被滿足了，或者變得更具強制性，並已被深刻地編碼在你的靈魂深處。以下是一些帶我們來到這一世，並使我們持續回來人世的渴望：

＊你的靈魂渴望去體驗——去看看生命中那些鮮明生動的色彩；聞一聞春花和秋風的味道；聽一首交響樂或小河中水花四濺的聲音……去觸摸、去嘗試、去親吻，並且去感受。

＊你的靈魂渴望表現自己——想讓人聽到它說的真相及有創意的想法；為令人喜悅的啟示及美麗的詮釋而興奮……想唱歌、畫畫、建造和創造。

＊你的靈魂渴望學習——去感受及了解所有事情……去表達、觀察，以及了解**如何**和**為何**。

＊你的靈魂渴望成長——戒除舊習；超越模式……茁壯成長、發展壯大，並且以最深刻的方式去實現去完成。

＊你的靈魂渴望與他人連結——分享，建立關係，過和諧的生活，協助及服務……還有愛與被愛。

＊你的靈魂渴望能達到——重新喚醒其不朽的本質並活在永恆的真理中；在神性意識的平靜裡休憩，無論它是否在某個肉體裡。

所有這些渴望都是靈魂來到人世的原因，它們也架構出所有經驗代表的基本意義及更深層的動機。當涉及更高層次的渴望時，比如愛的表達、連結和慈悲心，你的業力意圖就會被編入更多正面的生命能量和振動。反之，如果較低振動的渴望（被我執驅策，或是出於恐懼或依戀）佔了上風，那麼你的靈魂編碼裡很可能會有更多的難題。

渴望在它最純粹的狀態並不是件壞事。科學的每一次重大進展，都是出於對知識的渴望；每一件重要的藝術作品或樂曲，都是出自於對創造及表達的渴望；每一段富含意義的關係（不論是朋友或戀人），都是因為對伴侶關係和情誼的渴望而啟動。每一件善行，從單一的施惠行為到範圍深遠的人道主義行動，也都是因為對慈悲心的渴望而驅動，而這遠遠超越了「我們個人渴望些什麼」的單薄形式。

這些受到目的所驅策的渴望，可以創造充滿意義和長久的真正喜悅。但是當涉及恐懼、執著及自我意識等因素時，就會是不一樣的業力情形了。比如說，尋求一段親密關係再自然不過，但如果我們是因為害怕孤單，或因為需要一段關係才有安全感，因而發狂似地追求愛情，那麼這樣的恐懼和依附心態就會成為我們業力編碼的一部分。這是我們要考量的重要事項，因為這種執著或依附會將渴望變成不顧一切的迫切，而高度緊張的情緒會造成失衡，阻礙我們所渴求的一切。

那麼，我們需要做什麼才能讓我們的「業」保持清明，並讓我們的渴望保持純淨呢？答案是不執著的渴望，這是一種沒有沉迷其中的樂趣，是一種沒有恐懼的追求，也是一種不具我執意識的成就。這樣的努力裡有種純淨可以讓靈魂自由，並產生一種平靜感。然而，當我們把某種不健康的意義附加在夢想上時，我們就會將自己放在某些很具有啟發性的業力道路上，像是重複、補償和報應的循環裡。

2 成長與學習

靈魂會採取許多不同的道路，透過許多不同的人生大事來進化。這就如同我們在求學過程中會修許多門課一樣，我們的靈魂面對的是無限的成長機會。

畢竟，這是一個永恆的進化計畫：不斷地去體驗並向前邁進，持續到達新的理解層次，並且也持續地在他人的過程中幫助他們；而每一個新的情況都是另一門功課，每一個新問題都是另一個計畫。當我們提升到更高層次的學習時，我們會開始以一種不同的方式來感知生命。不要只是以重大事件和主要收穫來衡量自己，而是要以靈魂的觀點及我們的永恆價值來衡量。

這會讓我們用不同的觀點來看待我們所經歷的困難。我們可以成為得到啟發的觀察者，而不必繼續做個毫無力量的受害者。總之，我們必須記得，靈魂從來沒有為了要受苦而來吃苦的意思。總是會有一堂課，會帶給我們一個禮物，讓我們可以有所轉變，進入更偉大的境界。

即使是深沉的悲傷，也有它的價值——或者說，假如我們能帶著覺知走完這個過程，我們將會發現傷痛的價值。痛苦和寂寞常會迫使我們轉而審視內心，我們當然也可能忽視這些內省機會（很多人都會如此），但如果我們願意去經歷這些情緒，感受哀傷，在抒發後，再來問正確的問題，我們便能利用這樣的經歷，繼續往前邁進。

一個再平常不過的問題也會帶來許多課題。我有位個案，凱倫，她的情形正是如此。凱倫想知道為什麼她的愛情總是不如意。雖然她也約會過，卻從未發展出一段可以維持下去的認真關係。當我們探究她這一生的過往時，發現她的父親雖然讓她衣食無缺，但在情感上卻很疏遠。就像親子關係疏離（或虐待）的例子一樣，「愛自己」是凱倫這輩子的功課之一。

她在成長過程中，一直渴望著父親的關愛。她覺得如果少了父親的愛，她就什麼都不是。現在，她必須放掉這些錯誤的假設，重新取回她真正的價值感，這是一門典型的「愛自己」的課題。凱倫的靈魂渴望活在她真實美好的真相裡，她也發現，她想這麼做的意圖就已經很有療癒效果。當她終於釋放了透過父親來定義自己價值的想法時，她的心靈獲得了一種遠勝以往的平靜，以及一種前所未有的「全然接受自己」的感受。

除了處理這些現世的問題，我們還進行了一次回溯催眠，釋放她更深層的愛情障礙。凱倫發現，她現世的父親在某個前世曾經是她的丈夫。這個事實是關係回返的許多典型模式之一。他在當時也是個情感冷漠的人，在那一世他是個有錢的商人，娶她時已有些年紀了。他不但性情冷漠，而且常常不在她身邊。

凱倫那一世的年輕歲月，都花在擔心她會永遠嫁不掉這件事上。從十八歲到二十多歲這段期間，那些成功出嫁或訂下婚約的女性友人臉上的評斷表情，讓她深感痛苦。她那一世就跟這一世一樣，都迫切地渴求一段感情，雖然是為了不同的原因。直到一位鰥居的富商向她求婚後，她那世的問題表面上算是得到了解決。

舉行婚禮時，她非常開心。她把她的價值，甚至包括對自我的定義，都附加到婚姻及其帶來的財務安全感上。「嫁個金龜婿」這件事變得如此重要，她甚至忽視了丈夫的冷漠對待和輕視她的事實。在那一世的餘生裡，雖然這段關係無法令她快樂，但她透過婚後的身分、地位及婚姻所帶來的物質優勢，尋求外界的肯定。諷刺的是，即使她曾因單身而被責難，婚後的她卻以已婚的身分評斷及貶抑比她不幸的其他女人。

經過這次的回溯催眠，凱倫了解到她在前世對婚姻的渴望和過分的依附——還有後來對周遭未婚者的評斷——打造出讓她在這世愛情受挫的業力編碼。

她重新編寫業因，想像自己回到了前世，看到即使沒有結婚的自己依然充滿了自信與價值。她也想像自己對於身邊的單身女孩極富同情心，不以任何成見去評斷她們。凱倫同時也重新編寫了她這世的童年，並且決定從當下開始成為對自己滿懷愛心的父母。她排解了被父親拒絕的負面感受，並放棄去爭取他的愛與認可。

最困難的部分，或許是要放下這世對愛情關係的迫切渴望。凱倫決定要為自己的快樂負責，而且她很高興在她現在所處的社會，婦女不用因為單身而感到羞愧。在她將這股迫切感釋放後，她覺得自己也得到了解脫。她一直以來所追求的，想要從伴侶身上獲得的愛與贊同，現在她不用靠別人也能感受到了。現在的她活得很快樂，同時也散發出令人愉悅的振動。對她來說，這是一種相當新奇的感覺。

這個例子之所以重要，因為它完整地呈現了生命的複雜性。凱倫曾讀過一些談吸引力法則的書，她雖然想像自己看到了愛情到來——並且在理智的層面上也相信這是她應得的——但她仍不斷遭受挫折。她一直不了解，隱藏的恐懼與迫切已經被編碼在她的意識裡。當她做出決定，要盡其所能來療癒這個「愛自己」的首要問題時，這就意味她再也不必重複面對無數次類似的艱困經歷。她後來成功轉變了她的生命力，改變了她這一世和其他世的結局。

3 業的重複性

靈魂的意圖會一遍又一遍地出現。事實上，「靈魂選擇重複」是我們最強大的業因之一。我們想要重複愉快的經驗，例如一段真愛，或是令人開心的才華及嗜好，這很容易理解。然而，我們不斷重複的，卻不僅於好事而已。

聽來令人驚訝，但其實我們對於負面的影響力及那些艱困時刻，同樣會產生依附感及執著。當一種極端的連結形成，就會發展出一種衝擊力更強的情緒狀態，也因此，這些習慣會更為頑固——不論是否有益——然後它會在我們的意識裡被深刻地編碼，強迫靈魂去重複該經驗。雖然最終人格會被喚醒，釋放對身心無益的執著並重建平衡及純淨的動機。

讓我們來看看一些重複出現的編碼模式是如何呈現：

＊愉快的活動：我們覺知中的美好感受會被編碼並一再召喚我們。當我們不去欣賞和品味簡單的美好事物，例如美麗的夕陽或一片水果的美味，我們就辜負了靈魂的主要意圖之一。靈魂希望我們了解，這些看似微不足道的小小事物，事實上代表了生命中最美好的時刻。

＊一再上癮：有時候，一個看似愉悅的經驗會變成慣性，甚至成為主導我們一生的動力。不論我們是對性、藥物、食物或任何東西上了癮，那種既想親近又想擺脫的矛盾渴望，會強烈到難以抗拒。這個習性會被編碼，跟隨著我們來到未來的生活。我們最重大的任務之一，就是要釋放這些極端的模式，並以我們神聖身分的平靜與力量來重新定義自己。在我們意識到上癮會阻礙我們的靈性連結，並強化錯誤的優先順序之前，我們

注定會以一些越來越困難的方式重複它們。這裡的課題，就是要放下對物質的欲望，才能回歸我們來自的源頭。

＊性格模式：我們帶著跟前世同樣類型的性格回來是很平常的事。例如，如果你一直被教導要順從，這有可能是你在前世慣常的心態，而你將持續重複該模式，直到學會如何為自己挺身而出。如果你現在是管理者的角色，很可能你以前也是——而且可能和同樣的人共事。無論如何，脫離你的原型很重要。突破性格模式，可能是你這生必須去做的事當中最困難的一件。然而，如果你舊有的方式無法跟靈魂所要追求的平衡、榮耀及開悟之路產生共鳴，那麼突破性格模式就是絕對要做的事。

＊重複的人際關係：有時候，我們會單純地想重複一趟愉快的旅程，因此和同一批人一起重回人世。當過程中有熱情、支持、愛或溫柔時，想再次體驗是常見的事。然而，對於那些令人感到不自在、不健康，或甚至涉及到虐待的關係，我們也會有重複的傾向。這些重複的類型，有一部分是因為我們與相關者的熟悉感所致；但也有來自靈魂對學習的渴望，想要面對並完成這些關係帶來的功課。不論我們是因為恐懼、前世的責任，或是被深切灌輸的習性，而讓自己處在一種羞辱或不名譽的處境，我們都有責任去探究自己真正的動機。我們靈魂的終極目標是真理、愛自己，以及無瑕疵的榮耀。不論是哪種舊模式阻止我們，我們都有能力去釋放那些執著，並與我們的真實自我在更高層

次連結。請記得，有些時候，業的功課就是要學習如何放手，即使是一段很吸引人的關係。

我是在體驗到這生最激動的經歷之一時，發現了業力重複的最後一個要素。還記得我曾經談到我第一次接受回溯催眠的事嗎？前世照顧的小男孩感染肺炎致死，是我今生氣喘及呼吸道感染的源由。當時的我，並不知道這不是我的今生和這段前世經歷的唯一關聯。

大約在二十年之後，我決定認養小孩。我先生和我為了找到年紀較大、較難安置的孩子，正在審閱國外的孤兒檔案。我們決定同時收養兩個小孩，這樣他們就能互相作伴，痛苦的轉換期也會好過些。

經過幾年的調查審核，我們在俄羅斯的聖彼得堡找到一家孤兒院。在確認收養兒童的漫長過程中，我看過無數照片和錄影帶。我最後選定了一名女孩，又因為她身邊沒有兄弟姐妹，於是我們想從同一家孤兒院再找一名男孩。

看錄影帶時，我對一名八歲的小男孩塞吉馬上有了一種莫名的感覺，那是一種渴望重新相聚的深刻連結感。在此之前的三年，我曾看過數以千計的照片，但從未有這樣的反應。我開始進行收養塞吉及女兒薇卡的文書作業手續。

我深信，我和塞吉之間的淵源久遠，而他是正確的選擇。我知道我們在前世曾經一起生活，但一開始，我並不知道他正是當初我在當保母時早夭的那個小男孩。雖然我已經有很多年沒再想起那一世的經歷，但當我在冥想有關我們之間隱而未現的關聯時，那段經歷立刻浮上心頭。我馬上明白，他就是那個因肺炎致死的小男孩，他以在那世早逝的年紀重新出現在我的生活。我為即將重複彼此之間的關係感到開心，而且我想：我要還給他那一世我讓他失去的人生，我們之間的業將會得到解決。

這個信念令我更確信，這個特別的男孩是我命運的一部分。我持續對此進行冥想（我在做重要決定時常會冥想），祈求聖靈指引。在這些冥想的過程當中，我開始有不舒服的感受，於是我詢問：「到底這意味著什麼？」

我從聖靈得到的答案讓我非常失望，但卻再清楚不過：這個可愛的孩子可能曾因妳的過失而死，但現在該是對這段關係，以及對妳一直以來所承受的罪疚感及責任放手的時候了。

雖然我對從聖靈接收到這個清晰的指示感到驚訝，但我還是拒絕聆聽真相。就在這次冥想後幾天，發生了一些事，使得我再也不能否定宇宙試圖告訴我的事。

俄羅斯負責收養的機構問我，是否依然考慮收養塞吉。我回答「是」之後，承辦人員告訴我有關他的重要訊息。孤兒院的社工人員曾經建議，塞吉最好能被家中只有他一個小孩的家庭收養。她說，他最近表現出一些明顯的行為問題，特別是對孤兒院的女童有不當的對待。她告訴我，如果我們堅持收養塞吉，那麼我們的新女兒薇卡將會有段十分難熬的時期。

我思考冥想時所得到的訊息，知道我必須對塞吉放手。不論以前發生過什麼，我絕對不需要緊抓著罪疚感不放。對我來說，我要放手的，不只是前世的那個男孩，還有伴隨而來的責任感與自責。我同樣也知道，此一抉擇對於塞吉的發展也同樣必要。我們真正需要的是——了斷因果。

領養機構後來推薦了另一個小男孩，我當時還沒看到他的錄影帶，他被分在另一個年齡層較大的孩童。他的名字是箴雅，一個溫柔、機智又風趣的孩子。他後來成了我們的兒子，我是如此感激家裡添了這個新成員。事實上，我幾乎無法想像，如果我的兒子不是他會如何。

我現在清楚知道，我和我先生的命運已經跟這兩個美好的孩子深深編碼在一起了，即使收養他們時，他們已經分別是十一歲和十二歲了。從靈魂進化的角度來看，欣然接受這兩個孩子，並放手讓塞吉自由，是絕對必要的。

一再重複的業力是受到我們的熟悉感所驅動，即使有時我們無法辨識或了解。然而，我們確實有能力超越並擺脫熟悉感的驅動，以一種較健康的方式：以尊重和榮耀，

而非習性，作為我們（和靈魂）唯一的動機。在萬物的永恆計畫裡，每個聚散都有它的目的。

4 業的補償

當某一世發生了某個極端的經歷，往往會使得我們在另一世反應過度，這時補償的模式就變成一種業力肇因。在這種情況下，因為有一股想要反轉前世經歷的強烈渴望，使得我們在轉往另一個方向時過猶不及。這種調整常常過於極端，因而造成這一世截然相反的經驗。

讓我們來看看造成業力補償的常見原因。

＊補償性的上癮：這世的上癮可能是重複自前世，但也有可能源自於補償的能量。對有體重問題的人來說，這往往和前世捱餓有關，前世的持續飢餓感被編碼到靈魂，它是如此深刻，以致到了這一世似乎都不可能有飽足感。

任何上癮行為所產生的情緒能量都要特別留意。如果你吃東西時，總是有罪惡感，這種強大的抗拒情緒會將「遠離食物」的意圖編碼，然後在未來世時把你反彈到飢餓的那一端，甚至是一種「餓到要死」的情況。不論你現在「難以抑制的衝動」是什麼，不論是因為業力的補償或重複所致，它都需要被處理和釋放。極度的執著和極端的抗拒都可以透過平衡與自制而得到療癒，這對你所渴望或躲避的任何事情都是真實不虛的。

＊長期的渴望：渴望是業力補償的一個主要原因。如果某個不快樂或不舒服的狀況存在了一段相當長的時間，想讓它反轉的渴望就會居主導地位。任何長期的願望都會被編碼，因此它會在你的下一世產生出乎意料的狀況。

例如，我有一位患有嚴重懼曠症的個案，在足不出戶好幾年後，找我進行療癒。每次她試著獨自外出，都會感到莫名恐慌。除了使用傳統的治療技巧外，我們還進行了一次回溯催眠，以便找出可能隱藏得更深層的原因。我們發現，在某個前世，她是一位巡迴推銷員，常年在外奔波，很少待在家裡。在回溯催眠時，她看到自己在寄宿處和老式的旅館房間裡，期望著自己能在家裡和家人共聚。每一次她必須出遠門前，都會告訴家人：「我希望我能待在家裡。」

在這一世，她出現懼曠症現象的年紀，正是她在前世得到推銷員工作的年齡。前世期望「待在家裡」的高張情緒，逐漸發展成一種精神耗弱的狀況，使得她無法出門。

對於這類補償性質的業，有一句老諺語說得對：「要小心你許了什麼願，因為你可能會如願以償。」而你所許的願望可能不會在這一世實現，或是按照你所喜歡的方式如願。

＊一種極端失衡的補償：雖然上癮可以歸類在這個類別，但還是有許多其他類型的失衡狀態很有可能造成業的補償。比如說，你生活舒適，完全不用工作，身旁又有僕人服侍。這樣的你如果對別人完全不關心或不怎麼為他人著想，來世的你有可能會體驗身為勞役的角色。在類似這樣的例子裡，補償並非因為你的經歷，而是來自你的態度。冷漠或無知可能會導致某世的「補償」，而敵視和批判則會將我們帶入下一個業的模式——報應。

5 業的「報應」

補償和報應都代表了一種能量鐘擺，從一個極端擺盪到另一個極端，但兩者有一個重要的不同之處。補償是能量經驗的反轉，而報應則是你自己發出的能量回到你身上，並且幾乎都跟你在前世如何對待別人的方式有關。而這就是你靈魂的意圖：學習知道那是怎樣的感受。

報應並不是懲罰，雖然它常被人如此定義。談到與「業」有關的概念時，多與「支付」這個詞有關。不過，不要讓這把你弄混淆了。宇宙不會為了他人過去的不當作為，回過頭來還給你什麼；更合適的說法是，就能量上而言，你是在預先支付。換句話說，你現在如何對待及看待他人，也就是你在未來的人世會被看待和對待的方式。

在你的永恆生命裡，這種能量的力量常以角色反轉的形式來顯現；兩個人輪流以高度緊張的方式施與受，直到這個循環被打破。雖然它通常以親子或夫妻的關係呈現，但這種模式也會在任何兩個彼此有情緒編碼的人之間出現。

例如，如果你的老闆既跋扈囂張又傲慢自大，很有可能在過去某次的輪迴，你的權勢職位在他之上，你也曾以同樣方式對待過他。這種情緒上的雙人舞，可以一世接一世地跳下去；當怨忿和氣憤越積越高，編碼變得越來越深刻時，你們就會互換角色。

此一循環模式會在至少其中一人放掉情緒，並走上真正的力量之路後停止。這跟輸贏無關。從靈魂的觀點來看，這是關於我們能否以更開悟的態度來對待我們所遇到的每一段關係。

讓我們來檢視一下其他的一些「報應」模式：

＊親子關係：在所有連結中，這是最神聖的一種，因為這是每個人的心理和自尊成形的關係。兒童就像開放的容器，渴望愛，同時也已準備好接受任何施加於他們身上的對待。你不必因此而沮喪，但如果你的父母或其中一人愛批評你、忽視你，或甚至虐待時，很有可能在某個前世，你曾是那個對年輕的他們發出同樣能量的人。在這一世受虐，會使你充滿忿怒、怨恨並產生報復的渴望，而你想要報復的意圖就會被編碼。但是

你不必緊抓住這個編碼不放，也不要受困在負面的情緒裡。如果你正因此受苦，那麼課題就很清楚了——你值得被愛，而且你絕對值得被自己所愛、被自己認可並看重自己。你要成為你自己充滿愛心的父母，抒發感受，然後放下舊怨。

＊感情關係：愛情和婚姻也會經歷這種來來回回的角色反轉。帶有愛的情緒都很深刻，而這些意圖會被深刻地編碼。就像渴望情愛會產生重複的業，拒絕與盛怒也會導致報應的業。

我有一位名為茱莉的個案就是這樣的例子。她來找我，希望能知道她與丈夫的前世關聯。他們的關係不穩定，有許多的角力與激烈爭論。他們兩人總是試著想證明自己是對的，而且誰也不聽誰的。雖然茱莉覺得如此下去不可能會快樂，但她也發現，要離開對方也很困難。

我們進行了好幾次的回溯催眠，收到的資料很有啟發性。在他們的最近一世，茱莉是丈夫，一個脾氣暴躁的工廠工人。當他回到家時，他希望他的晚餐已經擺在桌上，而他的妻子不要多話。在那一世，茱莉得到了所有她想要的權力。而在那一世之前，她的丈夫再次是她的丈夫——這次是一名辛勤工作的農人，他要求茱莉和他一樣勤奮工作，以證明她身為妻子的價值。這對夫婦在其他幾次輪迴中也在一起，依然來來回回的角力不休，就為了控制對方。雖然這個過程既不快樂也不健康，但他們兩人卻緊緊糾纏在一起，直到某方勝出為止。

但是生命的意義無關乎輸贏，而在開悟。在每一次的人世，你都會有機會提升自己，超越那些否定你靈魂真相的模式。雖然茱莉和她丈夫有同樣的生命課題，但他們持續互換身分，繼續他們的不當對待和錯誤動機，除非至少其中一方看到了真相及其中的愚昧，否則他們的命運將持續如此。

在關係的報應模式中，通常會發現很重要的一課，就是兩位當事人都需要平等看待彼此且慈悲相待。這聽起來似乎太過簡單，但在我們被灌輸追求力量與優越感的謬誤指令時，同理心及關懷的選項就這樣輕易溜掉了。然而，不論你在這一世是被害人或加害人，你都可以改變並抹除業的模式。對於那些錯待你的人，你要放下報復的想法；對那些還沒準備好往前走的人，你也要放手，然後擁抱平靜、愛自己的新生命。

＊歧視、批判和不公平：報應也可能源自於你對一些人或團體的社交態度。批判、刻薄或毫無保留的敵意，將會在宇宙能量及你的業力檔案上製造一道深深的傷痕。事實上，就業而言，有一件事是可以確定的——你所惡意評斷的事，你必會親身體驗到。

我在執業生涯中見過無數的報應例子，我曾經為一位名為馥蘭的個案做過回溯催眠，她來找我處理肥胖問題。成年後，她始終擺脫不掉體重過重，雖然她試過許多種不同的飲食方法，但依然無法瘦下來。我們在進行回溯催眠時，看到她在美國的「咆哮二十年代」[1]是位年輕貌美的女郎，身段苗條，一頭俏麗短髮，一身漂亮的珠飾服裝，完全就是古典的摩登女郎造型。馥蘭在回溯時也看到有一位體型壯碩的男子邀她外出，她不但當面嘲笑，還告訴他，她絕不會和像他這樣的人出去，免得被人瞧見。她在那一世還有一位閨密，被她挑剔體重過重。看到這一幕，馥蘭完全明白了這其中的諷刺之處：「苗條的人無法了解我現在所經歷的事，就像我在那一世也無法了解或同情那些重量級人士一樣。」

這個催眠過程在三個重要方面幫助了馥蘭。首先，她釋放了對這個問題的自我譴責，而她對自己生起的慈悲心也讓她的減重變得比較容易。其次，她能夠原諒那些批判她的人。當她聽到閒言閒語或看到輕蔑嘲笑的表情時，她會想到自己也曾經如此；接著她會說一段祈禱文，希望那些人不用經歷她所走過的路。最後，回溯催眠讓她明白，她從未真正地放下她評斷他人的模式；她在這一世把同樣的模式應用在不同議題上。

馥蘭非常聰明，很多時候她都會看輕那些她認為不及她聰明的人。她知道這是體重過重的補償心態，也是她的靈魂渴望釋放的心理模式。她鄭重宣示要放下所有的批判，並且平等對待大家，不論他們是胖是瘦，從事哪種工作或教育程度等。

1 Roaring Twenties，指北美地區的一九二〇年代期間。此一時期有許多新式消費品湧入市場，有旺盛的消費需求，生活方式徹底改變，爵士樂興起，也被稱為歷史上最多彩多姿的年代。

接下來的個案威廉所體驗的，則是另一種角色反轉的類型，他透過這樣的安排學到了重要的一課。威廉是個年輕英俊的黑人男子，在本地媒體界表現不錯且受到歡迎。他來找我諮商是為了探究他的能量並找出為何在專業生涯頗為成功的他，在轉往全國性發展時卻受到阻礙？他是個心胸開放的人，在我們第一次碰面時，他就告訴我一個他不斷重複做的夢。夢境的背景似乎在十九世紀初，他是美國南方一座大農場的白人業主，生活富裕，有許多奴隸在家裡和農地工作。他個人認為這是關於某個前世的夢，當時他是白人，而且從事買賣黑人奴隸的活動。他對這個夢的感受非常強烈，於是我們決定繼續深入挖掘。

在他的回溯催眠過程中，他看到自己在傍晚時騎馬外出，有數十名疲倦的黑人男子正在辛苦工作。雖然他不是那種會鞭笞奴隸的人，但他是個苛刻的生意人，對於黑奴的境況十分冷漠。他看到自己穿梭在一個進行黑奴買賣的廣場，雖然他知道他的交易會拆散許多家庭，使相愛的人分離，但他似乎不在乎。

這個回溯催眠令威廉非常難過，但他也了解了在自己生命中的報應模式。這一世的他在貧困與歧視中長大，經歷過許多分離。他的父親遺棄了家庭，而當他母親過世時，他輾轉寄居於不同的人家。他發現，即使成年後，他也常常必須離開家人和朋友，從一個城鎮搬到另一個城鎮，以便持續追求更好的媒體工作。然而，許多好職位最後都給了白人。

這是典型的角色反轉案例。身為大農場主人的時候，他雖有力量，卻被那些被他控制的人所怨恨。他現在相信，在今日職場上勝出他的競爭者是他在前世的奴隸。他下定決心要放下他的憤慨不滿，但他也必須原諒自己，因為他背負來自前世的殘留罪惡感已經太久了。

接著，他說了一件令人驚訝的事。他說，他也必須停止批判黑人。我問他這是什麼意思，他說，在他的大半人生，他往往會看不起膚色比自己更黑的人。現在他知道了，他的功課就是放下所有的忿恨和歧視，平等地看待自己及每一個人。透過冥想，他釋放了區別看待的負面能量，並全心專注在和諧及重整上。他感覺到自己再也不是那個大農場的主人或黑人媒體人士，而是兩者的綜合。

每個人都經歷過許多次人生，我們曾經是白人、黑人、男人、女人、胖子、瘦子、奴僕、主人、聰明的人、愚蠢的人……而且不只一次。當我們學會去愛所有跟我們不一樣的人時，我們可以看到每一個人的心，我們能夠學到別人所要教導我們的事。不論我們之間的差異有多明顯，我們必須真正了解我們都有共同的源頭。不論我們在每一世是怎樣的人，都是由聖靈連結我們全體，祂總會向我們耳語，我們永恆連結的真相。

6 服務

服務是靈魂的一種強制性的動機，是表達愛的最重要方式之一；而當有人真誠地提供服務，便會散發出最高階的心靈振動。在它最純粹的狀態中，這是一個真誠的，不帶任何附加條件的渴望，希望能為自己及周遭的生命帶來美好事物。但是，有時候你的業力也會基於學習與成長的需要，促使你去服務。

一直以來，動機都是業力成因的主要元素，所以當你思考你的選擇時，一定要把它記在心上。比如說，想要被人讚揚或祝賀的渴望，往往是促使協助他人的一種潛意識動機。在這類的例子，被編碼進入永恆意識的並不是愛的能量，不是服務的行為，而是需求的心態。因此，如果你是受到自我意識的驅策而去做某些事，即使那些行為是好的，但行動本身還是會沾染上負面的振動，因而可能產生不好的業力碼碼。

此外，幫助他人也可能是出於恐懼。不要把真正的服務行為與討好的行為模式混淆了。需要以這種方式得到認可，往往是因為害怕被排拒。在這樣的情況下，你的意圖受到情感因素所驅動，比如：**我必須這麼做才能得到認可**。這就扭曲了你的靈魂真相，因為你值得以你本來的樣子被接受。

讓我們更進一步來檢視不同類型的服務，以及它們的業力肇因。

＊因業而生的服務：有時候，你的轉世意圖是針對前世經驗的回應。如果你曾經看到人們受苦，卻拒絕提供幫助，你的靈魂可能會迫使你在這一世更積極地去服務他人；如果你以前很愛批判或冷酷，你可能必須回來幫助他人；如果你前世的生活充滿了特權，而你也覺得自己高人一等，這種只顧自己而忽視他人的自私態度，也可能促使你在這一世有想幫助別人的強烈渴望。

＊服務特定某人：當你和周遭的人有一種愛與尊重的連結時，照顧彼此就成了很自然的事。遺憾的是，如果前世的情形並非如此，你在現世可能會被迫扮演這樣的角色。

我的個案嘉寶就是個例子。她的弟弟因為車禍導致下半身癱瘓，她在意外發生後來找我。她的母親年事已高，弟弟尚未結婚，於是嘉寶必須負起照顧他的責任。她得幫他餵食、穿衣服、洗澡，還得逗他開心，工作時間都要視他的需要來安排。

在回溯催眠中，嘉寶看到了她自己是現世弟弟的母親。在那一世，她的表現稱不上善盡母職。他是她唯一的孩子，但她太熱中於社交和社會地位而疏忽了他。嘉寶看到許多家庭場景，發現她不僅沒有照顧他，甚至根本無視他，讓他自己一個人玩，或是要求保母去分散他對她的注意力。嘉寶於是了解，因為她當時的缺乏愛心，她的靈魂給了她再一次的機會，讓她協助一度是她兒子、現在是她弟弟的那個靈魂。

這個回溯催眠為嘉寶帶來了意識上的轉變。她在照顧弟弟時，不再像以前一樣忿忿不平，而她也沒有因為內疚而給予過度補償。相反的，她透過雇用幫手來建立生活的平衡。她發現，他們共度的時光充滿了歡樂和愛，不再是一種負擔。

＊**神聖的服務**：這通常指的是對全世界的無私付出。當你親切溫和地對待他人，這樣的能量會產生感恩的振動力量擴散出去。就能量來說，事實是：我們彼此相連，發生在別人身上的事無法與你的事切割開來，因此當你努力使別人的生命恢復平衡、平靜及和諧時，你也會把更多這樣的性質帶給自己。

這個純粹的意圖和影響深遠的服務，正是靈魂輪迴的最高目標之一。這種衷心的渴望在時間上雖然早於你的業力編碼，但可能已經沉寂了好一段時間。而現在的你，已經做好了重新喚醒內在聲音的準備。當你帶給其他人喜樂，你就可以反轉以自我為中心的業力，將嶄新且生氣勃勃的能量編進意識，而這將會帶給你更多喜樂。

過平衡的生活，並且發自真心的為他人服務。當你的靈魂進化時，想要服務的意圖會在你的內心成長。榮耀自己和他人將會提高你的共鳴頻率，並與靈魂的指示達到和諧一致。

Part 3

釋放過去，
療癒現在，
解放未來。

「你的內在有個學習者，它是好奇和好玩的靈性存在體，
它是你的真實自我，引導著你的一生。
在你還沒確認無法從可能的未來學到任何事之前，
不要排拒這個可能性。
你永遠都擁有改變心意、選擇不同的未來，
或者選擇不一樣過去的自由。」

——李察．巴哈（Richard Bach），

《夢幻飛行》(*Illusions*)

第八章

解構痛苦，重建喜樂

湯姆．奎斯利（Tom Cratsley）撰

多年以前，我同時面對自己和個案頑固執拗的反應模式，於是我仔細思考了這個想法：如果我們真的是經由思維而創造了現實，那麼我們應該也能讓我們的心智習性消失——即使是存在於潛意識的心智習性。而我們所需做的，就是找出達成的方法。

在我的研究中，有三位思想家對我影響甚巨：一是羅勃．弗利慈（Robert Fritz），在結構式思維及創造力的領域開風氣之先的作家；二是偉大的義大利心理學家阿沙鳩里（Roberto Assagioli），被尊為綜合心理學之父；三是十九世紀的美國神祕主義者和先知戴維斯（Andrew Jackson Davis），他根據不同的感知層次而發展出了一個人類心理學模型。

我探索了某些技巧並發現：一次簡單、聚焦的回溯催眠，便可讓埋藏在潛意識的資料浮現。雖然在過程中，如果能有一位客觀人士從旁協助會很有幫助，但並非絕對必要。本書附錄的內容就聚焦在回溯程序，你可以自己進行——在你覺得最方便的時間及

地點，針對你所渴望的特定問題進行療癒。

當我和個案進行催眠療程時，我要求他們回到首次經歷衝突的時間點，而這個衝突和他們想要解決的問題有關。他們此刻苦惱不安的想法，正是揭露無意識訊息的線索，而回溯催眠的效果往往立竿見影。毫無例外地，個案很快就會發現自己處於種種的創傷記憶裡，並且充滿了情緒、心理和生理等訊息。雖然我沒有特別指示他們要回溯到那麼深遠，但在這些記憶中出現的，卻往往是前世的情境。

當你記起了前世的創傷記憶，你可以應用本章所敘述的情緒釋放步驟來清除不安，並接受有力的嶄新觀點和正面意圖。

情緒轉變的時刻是一個重要時機。在舊記憶浮現後做出重要決定，可以幫助個案減輕壓力，並與事件本身建立一種自由的新關係。在這個過程中，他們也能夠收回當初在面對原有創傷時，因無能為力而放棄的個人力量與資源；他們能夠轉換此一經歷的意義，將痛苦、恐懼及限制轉變為信心及自由。

儘管大家對於前世回溯催眠是否為真仍有爭議，但這些爭論跟回溯催眠產生的療癒效果並無關聯。我個人相信業力作用和靈魂的道路，但如果基於某些原因，回溯的記憶並非真實，那麼它們仍能產生如此強大的療癒作用，反而更令人覺得不可思議。心智自發性地產生了具有複雜結構及層次的隱喻，而它們也正確地反映了心理與意識的活動，使得正面的轉變更有意義。

療癒創傷，撫平身體與心靈的舊記憶

我所做過的數以千計的回溯催眠，使我對反應模式有了更多認識。首先，它們結構完整。創傷和它相關的思維都被強烈的情緒禁錮在記憶裡，除非這些情緒的力量及相關想法都能被清楚地辨識，否則我們很難有效去處理問題。當思維和情緒都釐清並被釋放後，我們的潛意識會回應，於是事件本身被中和抵消。同樣地，當對事件的定義、結論及回應都被指明並釋放後，我們的心智就會對舊有經歷建立一個全新且不受束縛的觀點。由此發現的新力量，意味著潛意識再也不用被迫對類似情況做出負面回應。

其次，創傷的起因通常和重大痛苦或傷害有關。肉體上的極度痛苦會不同程度地跟隨你的人生，甚至從這一世到下一世。正如本書作者珊卓所說的，被編碼的訊息會顯現在創傷發生的身體部位，前世的細胞記憶會以現世的症狀表現出來。

我的個案鮑伯就是這樣的情形。他的問題起因是受到一名商業夥伴的背叛，這個人拿走一大筆錢後就消失得無影無蹤，這讓鮑伯投注三年心血的計畫受挫中斷，他沮喪、憤怒，也大受震驚，壓力反應在他的背部（就在心臟後方部位），背痛讓他錐心刺骨，他的下顎也因為壓力太大而緊繃。

進行回溯催眠時，鮑伯回到他兩歲時的一次經歷，當時他的父親喝得醉醺醺回家後大發酒瘋。人在樓上的小鮑伯聽到喧鬧聲，於是下樓察看。他的父親一把抓住他，將他摔到牆上，還拿了一把刀抵在他的喉嚨。他整個人被嚇到，心裡充滿了恐懼與疑惑。

在進行催眠的過程中，我們得知：鮑伯的父親在二次世界大戰時曾是突擊隊隊員，戰時的經歷造成他的創傷，個性行為因此大變，動不動就暴怒。透過療程，鮑伯釋放了這個特定事件對身體所造成的影響，他也從無助感中掙脫出來。以前他害怕被壓制及背叛，總是時時保持警戒（尤其是對周遭的男人），後來他成功改變了這個習性。最後，他更修正了「信賴他人，只會導致失望及不幸」的結論。

清除了兒時創傷後，鮑伯的內在指引帶領他來到了某個前世。在那一世，他是個農夫，在一次起義中喪命。他被一柄長劍從後方刺入，貫穿到胸前。因此他還需要釋放對當權者及政府的憤怒，以及對任何形式的掌權者可能會帶來毀滅的恐懼。

在療程中，鮑伯釋出了長久以來所背負的情緒及錯誤結論。他也願意開放自己接受靈魂的指引。他宣告，即使和權威人士互動，他也會是安全和有效率的。療程結束後，他說現在的他感覺比任何時候都自由，長期以來的背痛及下顎痛也不見了。

放手的藝術

要成功解除自我的限制，必須先了解嚴重的自我限制有多方面的成因。它們不僅是「不能這麼做」或「不應這麼做」的想法，它們還混雜了強烈的情緒、生理機能以及事件背景——也就是創傷經驗的地圖。這其中包括了各種要素，比如事件的空間關係、實質內容、氣氛以及發展順序等。當我們在釋放限制時，重要的是要對這一塊塊的拼圖及其相對的重要性有所察覺，以便提供無意識的心智一個參考及清除點。

每當我們感受到痛苦，總是渴望能儘快脫離，但心智卻無法照我們所想的回應，原因是「它從一開始就無意要讓人難受」。肉體的痛苦是內在矛盾的產物。如果衝突的關鍵因素被了解和釋放，那麼我們就能擺脫痛苦。也因此，來自前世，而於今生顯現的創傷與傷害可被清除——首先就是找出源由，然後有意識地指引身體釋放相關的影響。柯蘿的故事，就是這個過程的最佳說明。

六〇多歲的柯蘿為了糾纏已久的下背部疼痛上門來求助。她的疼痛根源可以追溯到某個前世，那一世她在戰場上被一支木矛所傷，餘生一直獨自流浪，既痛苦又絕望。後來柯蘿成功釋放了這些情緒和它們對身體的影響，下背痛不藥而癒，五年多沒有再犯。

柯蘿後來又來找我，告訴我她的近況。她自前幾年的一次輕微中風後，幾乎都待在家裡，很少出門。她每天都處於莫名的恐懼、焦慮、噁心和沮喪裡。在隨後進行的療程，她看到有一世自己目睹家園和社區毀於一旦，所有她關心的人都喪生其中。她被無助、慌亂、絕望及震驚的感覺所淹沒，親眼目睹如此恐怖的情景，除了身體出現噁心反應外，還有連串的後遺症，包括災難倖存者的罪惡感、對上帝的怨恨，以及強烈的死亡願望。但在確認了源由後，她釋放殘存於記憶中的情緒，噁心感也隨之消失。柯蘿後來可以自在地在住家附近活動，不再擔心會失去她所重視的一切。這些表面上看似沒有理性和頭緒的身體症狀，忽然間有了清楚的意義，這幫助了她了解原因並因此轉換內在被編碼的經歷。

解除舊創傷的力量

在努力釋放你不想要的情緒及心智模式時，最關鍵的元素就是將它們儘可能呈現出來的能力。痛苦通常是一堆雜亂的感受與想法，你可能很難清楚地辨識出其中哪些是你需要放手的。比如說，恐懼和憤怒雖然是大多數問題的核心，但也會因不同情況而有所差異。你想要有效率地清除它們，就得更準確地將它們辨識出來。你懼怕的是什麼？對什麼人或什麼事情生氣？確認之後，在釋放時，你必須讓自己徹底去感受每個情緒。

完成後，做個深呼吸。呼氣時，心裡同時要想著「我要把這種情緒或想法釋放出去」。當沉重、負面的感覺被釋出後，再使用正面及肯定的宣告來召喚你的資源，並且建立更和諧的行為模式及思想模式。更確切地說，就是清除負面能量，以便騰出空間接納正面模式。

此外，任何抗拒習性的重要程度都和原始經驗的情感強度有關。當感受的深度與想改變的渴望強度相當時，潛意識會更迅速地做出回應。以下例子是我的一位個案，他在記起了創傷源由後，做出了高效率的選擇。

肯恩來找我時，希望能治療他一直以來對親密關係的恐懼。在追溯他的挫折源頭時，他發現自己身處在古代中國，在戰鬥中身受重傷。他所在的村莊受到了攻擊，他親眼看到妻子被殺，當時他卻什麼也做不了。他從村莊廢墟中爬了出來，躲入草叢裡，痛苦地看著他擁有的一切被摧毀。雖然他活了下來，卻從此活在孤單、痛苦及消沉中。他有七年的時間靠乞討維生，忍受周遭人們的無盡嘲弄。後來他因為遊民身分被捕，最後被折磨致死。

肯恩經驗到的是一種深沉的內疚感。他知道他必須釋放出這些感覺，以及因此而有的錯誤結論。以下是他在療程時所做的一些重要抉擇及宣言：

＊我釋放在前世無法救妻子而一直承受的罪責感。

＊我請求她的原諒，而我也原諒自己。

＊我釋放自我仇視及自我厭惡的感覺，並修正我一直以來因為無法救她或其他人而承擔的懦弱結論。

＊我釋放震驚、悲傷，以及我從那世起就一直背負的絕望感覺。

＊我釋放我曾經做出的一些錯誤結論，包括我不值得其他人愛或信任，我可能會讓他們失望。

＊我釋放因為前世創傷及折磨對身體造成的影響。我釋放我可能帶到現在身體的所有不良影響。

＊我敞開心胸接受靈魂的指引和能力，靈魂知道如何去吸引及維持親密關係——一段可以相互滋養、支持及安全的關係。

過了幾週，肯恩發現自己對於和他人交往感到自在多了。他成功放下了恐懼，並且願意如此思考：當愛進入我的生命，它有可能是安全的。此外，他也注意到自己走路輕鬆多了（他以前走路有點跛），他認為原因是他釋放了前世的折磨經歷所帶來的影響。

通往自由之路，擺脫舊創傷的束縛

如果你對原始創傷的那一世和你現世之間的人生有些短暫、零碎的記憶，這個現象其實很平常。這其中可能涉及同類型的傷害、身體問題，或者情感上的掙扎。無論如何，當最初的痛苦經驗被清除，所有相關經驗也可以被重新校正及抵銷。當心智整理出首宗事件的新意義，以及後繼所有類似事件的含義，這樣的情形就會發生。

一再重複浮現的痛苦記憶，是我們處理埋藏在潛意識裡的結構性抗拒的機會。如果在你清理了一個舊創傷後，模式又重複出現，你必須再回頭去了解是否還有更早的事件源頭。透過探索過往，以及確認並釋放情緒及自我設限的想法後，這些因過往而造成的影響會減至最小，甚至抵銷。在每次釋放後，記得要做一次完整的深呼吸。

當你成功釋放時，你會感受到你與這些記憶的關係有了明顯的轉變，通常會覺得身體變得更輕鬆。完成釋放後，如果能宣告自己接受新的療癒資源及自我賦權，對你會很有幫助。

你可以使用下一頁的表格來幫助釋放並淨化情緒以及相應的思考模式。不要忘了，這只是一份粗略的指南，不是鉅細靡遺的清單。一般來說，你自己選擇的字眼更能代表你內在的體驗。請依直覺想出自己的宣言及肯定語句，並思考你現世生活的模式，以及進行回溯催眠時所獲得的任何訊息。

釋放情緒

我釋放從當時就背負的——————（代入下表所列）感覺。

無助、無望、絕望	沒有價值、不重要、自卑感
困惑、羞愧、難堪	遺棄、背叛、被排拒
孤立、孤獨、分離	被迫害、受困或無用的
生氣、憎恨、盛怒、怨恨	沒有力量、缺乏活力、被犧牲或受害
自我仇視、自我厭惡、自我忽視	輕蔑、厭惡、批判
嫉妒、羨慕、不足、不耐煩	驕傲、優越感、自以為是
內疚、責任、照顧	害怕死亡、害怕人生，或恐懼上帝
害怕特定的狀況或特定的人	

這些情緒左右了你今生的決定、人際關係、以及對自己的認同與定位。紓解這些負面情緒，有助於你重新正視自己。

釋放需求

我釋放任何我必須或覺得應該要為別人（包括我的父母、配偶、朋友或親戚）負責的需求。我也放下他們，讓他們回到自己的力量。我釋放＿＿＿＿（請視需要代入下文）的需求：

- 控制或掌控一切
- 感覺特殊或不同
- 完美或做好一切準備
- 被愛、被接受，或以任何特定方式被認可
- 承擔他人的責任或事先知道一切
- 受苦或被處罰
- 尋求報復

釋放錯誤的結論

我釋放所有和左列情緒或事件有關的不實結論。我釋放任何有關我的＿＿＿＿（請視需要代入下文）的錯誤訊息或限制：

- 目的、力量，或智慧
- 價值、重要性，或值得與否
- 智力或能力
- 長處或勇氣
- 身體或形象
- 特定關係或性行為
- 靈性

我釋放我曾做過的有關——（請視需要代入下文）的錯誤結論。這些結論使我無法有正面的體驗。

- 愛或親密
- 力量或領導才能
- 事實或知識
- 精神或物質方面
- 感受或意見

- 任何面向

我釋放我可能有過的負面信念或結論，比如：

- 我天生就有缺陷、不完美，或是一個失敗者
- 我（或其他人）不值得信任
- 我（或其他人）需要被約束
- 我沒有能力去做……
- 生命不公平或人生如苦海
- 正不勝邪
- 這世上沒有我立足之地
- 我這一生無依無靠，注定孤單且孤立無援
- 與其因失去而痛苦，倒不如不曾擁有
- 物質和精神的世界是分離的

我釋放這一生為了支持這些不實結論，所有曾經說過的話或做過的事。

宣言：用肯定語重建自我

＊我因為……要求寬恕

＊我因為……而原諒自己

＊我因為……而原諒他人

＊我願意接受自己的優點

＊我願意接受別人的優點並給予支持

＊我相信我的靈魂有自由及完全表達——（請視需要代入下文）的能力：

- 愛
- 創造力
- 領導力
- 性
- 力量
- 活力
- 知曉及認知真相
- 真實的我

＊我願意接受並且知道：

- 我真正的本質及目的

- 我真正的優點及真實的力量
- 宇宙及其他人的力量和支持

＊我願意接受自己與＿＿＿＿（請視需要代入下文）的真實關聯：

- 我的靈魂
- 上帝
- 地球
- 世上的其他人
- 聖靈、天使及指導者
- 某個特定的人

所有這些宣言及肯定語，都是設計來反轉前世創傷所殘留的痛苦。當你願意坦然接受前世的種種情緒後，你就能釋放它們，並將先前的錯誤結論以更高的真理和正面結論替代。

第九章 重新編寫你的生命密碼

花點時間想想你的人生。你是否想反轉某些模式？你是否認為應該重複或補償某些事情？也許你已經開始對你是誰或曾經是誰有了一些概念。當前世的相關事實浮現後，你會對你的目的及計畫有更清楚的認知。你同時擁有了療癒現在，以及重新引導未來的強大力量。

在前一章中，湯姆·奎斯利將他治療現代人問題的有效方法做了大概的介紹。在察覺到前世影響的同時，使用體驗、釋放、肯定語的綜合方法，可以反轉你生命編碼裡的一些主要問題。這會在你的永恆生命造成改變，並使得結果出現戲劇化的轉變。

既然是意識建構了現實，那麼深入探究意識所支撐的一切就非常重要。一旦你從久遠的前世發現了隱藏的訊息，你就能釋放一直在阻撓你的障礙，你將能自由前行，不受舊約束和已編碼的謬誤結論所牽絆。

這個過程將為你這一世的生活帶來重大改變。當你的靈魂意圖被揭露，個人目標與神性目標合而為一，這會創造出一種平衡感，以及連宇宙都難以抗拒的同步性。靈魂渴望療癒，而當涉及到釋放和重寫你的業力編碼時，有四個必要的步驟：

1. 覺知源由、模式，或是今生課題的意義。
2. 釋放並重寫負面的經歷、情緒或執著。
3. 轉變已編碼的結論，以及業的動機與意圖。
4. 從課題中學習，並應用於現在。

上述的每個步驟都很重要，接下來我會提到與這些步驟相關的有趣案例。

步驟一：覺知源由、模式，或是今生功課的意義

如同我們之前討論過的，有許多方式可以取得前世的資料。你甚至可以從前世嚮導那裡得到幫助，這部分我們會在下一章詳細解釋。然而，不論是透過回溯催眠、解讀或任何其他方式，你獲得的資料都會十分重要。

現在你已經看了不少與前世有關的例子。在某些例子裡，找出曾經發生的事件是進

行療癒的唯一要務。然而，知道這點也很重要：你不必去發現跟你現在問題有關的所有前世。事實上，你甚至不用去探究業力就能夠反轉模式。

當你真正去學習今生的課題，這樣的作為能滿足靈魂的意圖，並改善任何已經編碼的業力，即使是來自不可考的相關前世。不過，如果有某個問題持續存在，並且不斷出現，它就可能是個徵兆，表示在與該問題有關的前世中，仍有一勞永逸、徹底解決問題的機會。

每當有需要的時候，回到你想前往的前世是一種很有效益的方法。事實上，這就是本書在附錄中教你練習回溯催眠的用意。利用本書第十一章的步驟，你可以得到任何問題的可能原始資料，並揭露隱藏在這一世問題後面的更深層意義。

黛安娜的困境

黛安娜來找我是因為她一個人開車時會覺得恐慌。她在更年輕的時候，曾經有過駕駛焦慮症，但後來問題解決了，而且已經過了很長一段時間不再發作。四十二歲時，她的焦慮症再度復發，她試著用以前的放鬆技巧來平息焦慮，但沒能成功。她來找我是想找出是否有前世的因素牽涉其中，這時的她已經處於驚恐高峰，於是我們做了一次回溯催眠。我們的重點放在步驟一：找出前世到底發生了什麼事情，以及它的可能意義。

黛安娜的回溯催眠帶她回到波蘭一個大城市的擁擠街道，時間大約在一九二〇年，當時她一個人開著一輛老式汽車，行駛在一條交通繁忙的大馬路上。她正要左轉時，卻被擁擠的車陣堵住，然後她看到一輛電車朝著她快速衝來。她無法移動車子，也沒時間逃出來，最後在嚴重的車禍意外中喪生。

這其中的意義很清楚，這是因為創傷而引發的恐懼症；那一世的那場車禍發生時，她的年紀正和黛安娜這一世恐慌第一次發生時的年紀相當。事實上，她越接近車禍發生的年紀，恐慌就越嚴重，次數也越頻繁。光是知道了這個事件，黛安娜的症狀就減輕了不少，但是她必須繼續完成這些步驟，以便徹底反轉她的恐慌。

當你得知事情原委時，請給自己時間去消化它們的意義。仔細想想你現世的生活，看看是否吻合。放下所有的自責、內疚或痛苦；並相信你所得到的訊息。

試著從靈魂的觀點去看待事情，如此你才能從過往經驗中找到重要的課題。你可以使用本章的所有步驟來清除你的編碼，並改變過往對現在的你和未來的你所造成的影響。

步驟二：釋放並重寫負面的經歷、情緒或執著

當你知道你經歷了許多人世，並想到你每一世所攜帶的情緒和能量（即使你毫無所覺），你總是會大感驚訝。如果你想要完全解除業力，並改變你現在和未來的意識，釋放這些已被編碼的情緒就至關緊要。這類受困的能量，阻塞了你生命力的流動，對原本你可以得到的療癒、愛情，甚至財富都會造成妨礙。

此外，由於不健康的舊共鳴經常會堵塞你的脈輪（身體的主要能量中心），你也可以透過冥想來清理脈輪並回復平衡，對於釋放負面能量也很有幫助，這是在回溯催眠和重寫技巧之外的另一個方法。

舊模式形成的牢籠困住了你

當你開始檢視前世時，你會發現：情感上的執著或依附是你個人編碼裡極為強大的力量。如果現在不打破並釋放這些模式，它們很可能會被埋得更深，產生更多問題。因此，為了釋放這些模式，你必須以清楚和專注的意圖，堅定地處理你的前世事件。

遺憾的是，我們幾乎會對任何東西產生執著心，包括人、習慣及感覺，不論它是好是壞。就業力而言，執著通常表示我們以前曾在這些問題上有情感依附，而現在該是認

真對待它們的時候了。事實上，釋放不健康的情感和僵滯的模式，是我們更大的業力指令之一——甚至遠比賺很多錢或得到許多物質上的東西還更重要。

舊模式囚禁了我們，即使它們是我們自己製造出來的。恐懼、期望或沮喪，雖然感覺並不舒服，卻可以古怪地變得熟悉和有安全感，成為我們的人生中自成一格的動力。然而，釋放那些令人難受的情感／情緒及重寫我們業的歷史，將會為現在的改變及未來的快樂與成功打下基礎。

重新編寫最初的經驗是第二個步驟的重要部分（請參閱附錄做法）。根據時空連續體的理論，所有的時間都同時存在。未來則在純潛能的場域（一個具有無窮可能性和無限創造性的場域）裡振動，過去也是如此。如同你可以前行並創造出不同的未來，你也可以回到過去，並重寫那些似乎一直在阻礙你的困境結局。

這些對前世經歷的嶄新意圖可以發揮強大的作用。許多人告訴我，在他們做了重寫並進行本書的其他步驟後，他們發現自己的狀況在飛快改變中。一個顯著例子發生在數年前我出席的一場研討會上，有個菸齡逾四十年的癮君子進行了回溯催眠，發掘出他抽菸習慣的源由。他當時並未對我說明源由是什麼，但他後來告訴我，重寫及釋放的技巧幫助他打破了模式的牢籠。在抽了四十年菸之後，他終於成功戒菸了！

黛安娜的解決之道

雖然黛安娜在一發現對開車焦慮的原因之後，就著手解決問題，但她同樣必須進行釋放及重寫。她在第一次回溯催眠時做了一些釋放的練習，她也重溫那個經驗，擺脫了更多恐慌並將平靜帶進那個情境裡。她透過想像前面的交通狀況井然有序，而且遠在電車靠得太近之前，她就已經開車離開來改變那個事件。她後來又想像自己健康、長壽地過完了一生，一直愉快地享受駕駛之樂。她也將這個畫面帶到這一世，肯定她一個人開車既安全又自在，很快地，她對獨自開車就不再緊張了。

當你因為某個狀況而痛苦，就像恐慌來襲時的激烈反應，這是你身體的記憶試圖在告訴你某些事情。前世的忿恨、懼怕及創傷可能會在不知不覺中影響現在的你；找出那是什麼，釋放並重新編寫；務必要完成所有步驟。

重新編碼的步驟將幫助你依循你的業力指令，解決前世懸而未決的課題。你的靈魂希望你能清除永恆意識裡不健康的編碼與模式，而在這幅拼圖裡，重寫前世經歷是其中強而有力的一片，你因此可用更健康的版本來取代那些有害的情緒及結論。這個程序和接下來的兩個步驟，是將你從心智、身體及人際關係的模式牢籠中釋放出來的主要關鍵。

步驟三：轉變已編碼的結論，以及業的動機與意圖

我們可以清楚看見，來自前世的情感經驗可能會殘留不健康的結論，因此我們必須釋放這些有害的想法，以及任何我們不想要，卻逗留不去的業力意圖。

你的業力意圖，來自於前世深埋在心中的個人動機。即使和你現在的渴望背道而馳，但它們卻可能是你生命的驅動力。有的人使用「業的契約」（karmic contract）一詞來形容這個現象，感覺上就像為了此生的完滿，而被禁錮在舊的選擇當中——但多數的業力意圖並不需如此。以耐心堅持地重新編寫你的業力密碼，你就可以從那些再也不適用的前世願望中脫身。

最近有位參加研討會的女士，就是這樣的情形。她問我能否為她的不育問題找到業力原因。所有的細節立刻浮現，包括這個問題的原因及為何編碼，答案來得既迅速又清楚，而且還帶有很強烈的情緒。

我看到這位女士在一間看起來像是鄉間的小屋裡，時間是拓荒時期。身為母親的她，忙進忙出做著許多工作。她要從屋外的井裡打水、在大爐子上燒飯，還要照顧身旁的一群孩子。看起來她至少有八個小孩，而且都在十歲以下，雖然大一點的孩子可以幫點忙，但那些需要餵食及照顧的小孩卻哭得震天價響。

當我看到這一幕時，我可以感受到一股怨恨之氣迎面撲來。雖然她想要愛她的孩子，但她累壞了，也被折騰夠了。在她的心裡，我不斷聽到她的想法：我再也不要更多小孩了！我不能再有更多小孩了！而身為妻子，她不斷重複一樣的結論：為了保護自己，她不能再和丈夫行房——太不安全了。

這是業力意圖創造現實的一個明顯例子。由於前世她對丈夫所做的結論，於是我問她，在這一世她是否有親密關係上的問題。她笑著回答：「只跟男人有問題。」由此可知，她將「和男人發生性關係會變得更悲慘」的結論編碼，並在這一世顯現——她是個女同性戀者。

此外，「不想再有更多小孩」的業力意圖也依然深藏在她心中，阻礙了她在這一世對於孩子的渴望。而她雖然不想改變她的性取向，但她仍被驅策去釋放前世的舊意圖，好讓她現在能夠真正擁有一個家庭。

為了讓這件事成真，她必須重新編寫前世的情境。她想像自己只有幾個孩子，她滿懷愛心地撫養他們，而且不覺得被壓力淹沒。在這個過程中，每當怨恨或疲累感出現，她就必須再做一次釋放的肯定語練習，消除這些情緒和反應。她同時也必須對自己宣示：生養孩子對她是安全和愉快的，她會很享受有孩子的人生。

為了在這一世能有孩子，她還重新編寫那一世她與丈夫的關係。她看到自己設定了性生活的規範，也編寫丈夫願意遵守規範的意願，因此孩子會比較少。在進行這些程序時，她努力重新取回她的力量，並消除隱藏的怨恨——這個怨恨已成為一種無意識的強制驅動因素，也導致她這一世對沒能擁有家庭的失望。

在我們未被揭露的業力意圖裡，怨恨是一股強大的驅動力量，它會製造出我們不想要的命運指令，而且幾乎總會造成生生世世的補償。想想以下常見的三個問題，以及所造成的因果：

1. 對孩子的怨恨：沒有子女，或是碰上難相處的子嗣。
2. 對工作的怨恨：很難找到工作，或是老遇到不喜歡的工作。
3. 對男人或女人的怨恨：很難找到健康、快樂的人際關係。

簡言之，無論對哪類事情隱藏怨恨，結果若不是將它推開，就是在不情願的情況下吸引它上門。這些負面情緒和意圖必須被釋放，由此產生的自由才能使你現世的渴望得到滿足。當你放掉這些怨恨，你就能建立一個安全及自我賦權的新編碼。然而，除了要清除和此問題相關的業力之外，你還要檢視自己現在有沒有任何怨懟。是怎樣的意圖會被編碼到你的未來——不僅這一世，還有未來世？

不論你需要釋放的是什麼，不論它是來自前世或現世的某個情況，真誠的肯定語可以推動你往更健康的意圖前進。然而，對這些新的思考及感受方式，不要光說不練；你要冥想它們的意義，並內化它們代表的真相和能量。只是重複而無心地做出正面宣示並無法扭轉事情，也無法體驗到自我賦權及真相所帶來的有益情緒。

前面章節已說明了許多美好的肯定語及宣示，但左列肯定語也會幫助你轉變你的業力意圖。你除了可將它們應用在每個前世問題，還可以在任何時候使用這些肯定語來改變你的編碼。

＊我釋放所有不健康的舊習慣或結論。我釋放前世的渴望，不讓它們以任何方式限制我。

＊我有自由意志，而且我自己做出決定。我不必再去回應任何隱藏的意圖，我釋放它們，讓它們離開。

＊我已經從過去解脫了。我釋放任何有害的模式、想法或執著。

＊我祝福過去，並讓它真正過去。我是自由的。

＊我開放我的心和靈魂有更深的連結。我釋放編寫在我永恆意識裡的謬誤想法，並回歸我的神性本源與本質。

＊我的身體、心智及感情都自由了，現在的我既完整又健康，神性意識充滿了我每個細胞。

＊神聖能量推動我穿越永生，釋放過去、療癒現在並祝福未來。

＊從現在起，我選擇自由和自我賦權。每一天都會帶來更多的啟發、純淨、決心、富足和愛。

＊我敞開心去了解我的靈魂渴望我去學習的課題，我擁有我需要的所有力量和資源，我堅定並充滿喜悅地推動人生向前邁進。

以上這些是你在進行自我轉變時可以用上的肯定語句。這些肯定語最重要的目的之一，就是提醒自己，你現在擁有你在前世經驗中未曾有過的力量、自由意志及豐富資源。你再也不必以舊方式來回應了。你可以應付任何事，而且你總是可以自由選擇處理的方法。當你將新意圖應用在現世的問題，使用肯定語可以幫助你完成業力的反轉。這是第四個步驟很重要的部分，絕對不要忽略了。

步驟四：從課題中學習，並應用於現在

一旦了解業的課題和我們現世的問題有關，我們就可以自由地重新定義自己，以及我們的人生。我們不必反轉每個事件，只要輸入一個帶有榮耀與自我賦權的健康結論，重新建立新的見解，就能改變一切。把前世經歷所學到的課題都應用到當下是這個過程的重要部分，因為現世正是我們學習的場所。

有一句老諺語：「學而不做，不算學習。」我們的業力經驗亦是如此。雖然得知事實真相很有趣，釋放前世經歷也很有幫助，但除非我們能將它的意義應用到我們現在的生活，我們才算是改變了編碼。畢竟，一旦我們了解因果的同步性，就會知道我們當下的經歷並不只是源自前世的作用，它同時也是來世的肇因。既然如此，我們就有責任在今天變得更為覺察，更有目標。心念轉變，行為也跟著轉變。現在就採取行動，為未來建立一個更健康的新編碼。

如果我們要進行最深層次的療癒，就必須探究尚未解決的問題及未完成的事。發掘前世生活的種種——不只是其中所發生的事件，還有圍繞著這些事件的意義、結論及期待的主要目的之一，就是改變現在這一世。一旦問題真正獲得解決並改變舊有編碼，這些挑戰及困難就會停止。但關鍵是：你必須在現實世界實踐這些新事實，並且鼓起勇

氣，現在就將這些新的意圖融入日常生活當中。

改寫受到制約的舊編碼，讓身心重獲自由

如同我先前提到的，我的許多牢籠模式之一就是反覆發生的呼吸道問題。雖然我已擺脫困擾多年的老毛病，但它還是會偶爾發作，並迫使我去處理尚未終結的編碼及尚未推翻的舊結論。

如果老問題在你的生活中一再發生，不要怪罪自己。即使是被深刻編碼的身體、心智、情緒及人際關係等模式，你一樣可以擊敗它們，但你必須願意在每個層次去反擊。只要有耐心、堅持及一些來自聖靈的幫助，你就能打造一條健康的新路徑，通往一個生氣勃勃的不同未來。

最近我又面臨了挑戰：頑強的肺炎又發作了。我做了些回溯，發現我在兩個前世都有被監禁的經歷。一個在很久遠以前——可能是黑暗時代[1]或中世紀。我看到自己在一間潮濕、散發黴味的地牢裡，被金屬鍊子鎖在一面牆上。另一次是在稍後的年代，我再次被關在一間石室裡，而這一次，門上還有鐵條。

於是我了解，不論是字面意思或象徵的比喻，對我來說，這個肺炎模式就是一座監

獄，而現在該是我重獲自由的時候了。在這些可怕囚房裡的艱難呼吸，已經被編碼在我的細胞記憶裡；同時它也是一種隱喻上的監獄。在那些前世，我曾經下過「我無力改變我的情況」的錯誤結論。這個認定至今仍在編碼裡，但對我來說，它已非事實。

然而，我們往往仍舊活在前世謊言的殘跡裡。因此，我需要去釋放前世的那種無力感，並且去找出現在是什麼觸動了這個感受重新浮現？

首先，我重新編寫了這兩次的監禁經驗，我看到自己大步走出囚室，不再被監禁；我看到自己在一個晴朗的美好日子大步行走，深深呼吸，並且珍惜外面乾淨清新的空氣。在這樣的想像後，我以肯定語宣告：我可以自由離開，並在任何時候去做任何我想做的事。而在這個過程當中，我了解到在這一世，我應該，也必須這麼做。

在一開始，要把這個領悟應用到目前的情況並不容易，因為我沒有感受到目前的自己有被任何東西限制住。然而，當我更深入探究時，我才了解原來我的受限是被自己加諸於身上；因為我又進入了一個無意識的習慣模式，再一次在毫無覺察的狀況下，落入了工作過度的反應模式。

我熱愛我的專業生涯的所有面向，包括寫作、演講、約見個案；而且，由於太過熱

---

1 Dark Age（黑暗時代）是指從羅馬帝國滅亡到文藝復興開始的整個時期，現在多稱為中世紀前期。

愛了，我常常因此而耗盡心力。書稿的截稿期限、演講的行程，以及私人邀約——這些我真心喜愛去做的事——佔去了我的時間與精力。我知道，我的靈魂一直希望能有更多時間與家人相聚、更多的私人時間，以及單純的樂趣。簡而言之，我的生活嚴重失衡，而我必須步出自己再次打造的這個牢籠。

我必須說，一開始，我對這個課題是抗拒的，大部分原因是我真的樂在工作。後來我重複做了幾次重寫練習，堅定地進行自我釋放和輕鬆呼吸的練習，我很有心要打破無意識的模式。

雖然我做了重寫練習，但我也知道，我必須以行動來支持這個意圖。於是，我取消了一些個案的約見——不只是因為我生病了，而是因為我想藉此向宇宙展現，我把自己的健康及生活放在第一優先的決心。這對我來說並不容易，由責任心引發的罪疚感再次襲來。我不想讓個案失望，但我也必須了解，我不用拿輕忽自己來表達對他們的尊重。再者，不論是對我自己的幸福或是生命課題而言，重新建立平衡的生活是絕對必要的。

我休息了一段時間，還純粹因為療癒和樂趣，安排了一趟遊輪之旅。我也參加了由唐娜・伊頓（Donna Eden）所主講的能量醫療課程，那是一次發人深省及脫胎換骨的經驗，也是另一次背離我平常模式的行為。

生命的課題

一再重複出現的事情，是我們靈魂不斷輪迴的主要原因。這些頑固、令人煩心的問題，提醒我們有關業力的指引，也就是我們在這一生要解決的生命課題。我們不要覺得自己成了這些課題的犧牲品，我們必須牢記，靈魂會給我們這些課題一定有它的原因。至於我們要如何回應這些挑戰，完全在於我們自己。如果我們以欣然接受的態度來看待靈魂的意圖，就能在現在這一世大有進展。

當然，如同我曾說過的，並不是所有發生在我們身上的困境都是源自某種業力創傷。我們的靈性面有成長、學習的週期，以及超越過去、現在及未來的更高意圖。我們的困難，有些只是在這一世，有些則是靈魂用來督促我們在永恆道路朝下一個層次前進的指示。不論課題為何，它們不會無故消失。當你要重新探討以下的生命課題時，請將此謹記在心，並且思考哪一項是你可能還需要努力的，以及何者可以幫助你恢復業的平衡：

＊**真正的力量和價值**：許多人藉由暴力行為、傲慢自大、虛張聲勢，甚至毒癮來尋找虛假的力量；也有不少人放棄了他們的力量與價值。這兩者的心態都無法代表你真正

的價值及永恆的力量。既然你的靈魂無法忍受活在這些謊言當中，去找出這些謬誤不實的想法從何而來就非常重要。

重新編寫原始事件（始自童年，甚至前世就被灌輸的觀念），並且釋放它們的錯誤結論。接著，想想你可以做些什麼讓它們在這一世得到改正。鼓起勇氣放下任何虛假的自傲或自卑感，當你這麼做後，你便有可能重拾力量，尋求機會去找到真正的你。

＊以愛與慈悲對待自己與別人：這是身為人類最高的意圖及最偉大的課題之一。無條件去愛和關懷他人的能力，會在我們的永恆意識創造非常正面的編碼。不過，永遠要記得，一定要從自身做起。事實上，愛自己就是我們最明顯也最重要的課題。大多數人都因某些事件而被迫去選擇愛自己，並以一種自我學習式的過程來實踐。重新編寫這一世與其他前世那些缺乏愛的事件，並欣然接受從今天起的每一個照顧自己的機會。

＊不批判：這是愛與慈悲心的延伸。當我們惡意評斷某人，我們便失去和諧。這種失衡狀態會編碼在我們的永恆意識，並因此產生業力意圖，使我們回來體驗我們曾譴責的那種能量。如此一來，我們將再次體驗那些情境，並感受在被惡意批判行為裡的那些更深層的情緒。

請記得，評斷是力量強大的編碼，可以產生堅定的業力指令——那就是，你所惡意評斷的，你將會親身領受。

＊心懷感謝，釋放嫉妒及不滿：嫉妒及批判是相似的肇因，它們的能量是分裂的。然而，有太多人一輩子活在不滿足的情緒裡，總是想要更多，並希望擁有其他人所擁有的東西。這樣的心態使得人們不懂感恩，並且擴大了匱乏的意識，這樣的意識會使我們的人生黯淡。問問自己：我對自己所擁有的有多感謝？對其他人的成功有多開心？當你能夠釋放這一世及前世的嫉妒心態時，你就有可能創造出一個充滿感激及生命力能量的無敵編碼。

＊不執著：深愛某個人或熱愛某樣東西不是不健康，但要記得，不要對那個人或那樣東西投入所有的感情、價值或自我角色的定義。事實上，如果在這世過度依賴某樣東西，意味著可能需要再次回來人世，體驗沒有它的生活，或也可能變得更嚴重地沉迷。

重新編寫事件和釋放前世的執著心，以「現在就釋放它們」的新意圖取代。終極的解決之道是建立一個正面和快樂的自我定義，把身外物看作是使自己原本已經快樂的生活更加快樂的工具而已。

＊平靜、和諧及身心平衡：當放下執著，通常就能得到身心的平衡，當然這其中也可能牽涉到其他的人生課題。優先照顧好自己及擁有健康的生活方式，就是常見的業力課題。降低與他人的衝突會增進和諧，而釋放我們內在的掙扎會帶來平靜。主要的關鍵在於領悟到：我們能夠主掌我們的思想和選擇。

重新編寫前世的矛盾和衝突可以幫助你重獲身心的平衡。現在就選擇平靜與和諧的生活，將更高頻的振動寫入你的生命編碼，為這一世及未來世創造更美好的結果。

「業」這個字源自於梵文，意思是「行動」。你現在所做出的積極改變，可以產生戲劇化及立即的效果。不論你的老舊模式多麼根深柢固，你都能在靈魂的最深層療癒它們。當隱藏的過去被揭露，你對那些久遠密碼的重新編寫，可以為你的生命帶來驚人的力量，使你掙脫束縛，以一種前所未有的輕鬆感，朝著新方向大步前進。

第十章 認識你的前世嚮導

莎朗・柯林格勒（Sharnon A. Klingler）撰

你的世界如此美麗！有幫助，有愛，還有鼓勵！所有的親戚、父母、兄弟姐妹、孩子、戀人、朋友及老師們——都是為了你來到現在——而事實上，他們可能分別在一九四三年、一八一二年、一五七八年或甚至在兩千年前就過世了。他們是你在靈性世界的嚮導；他們來自你的前世，他們關心你，至今仍與你一起合作。你在這一世除了家人、朋友，生意夥伴外，還有靈性導師和啟發想像力的良師益友，以及那些揚升大師和天使們。靈性嚮導來自各個前世的不同年齡層，各種類型都有。

為何前世那些人要在現世回到你的身邊？是他們對你起了執著心，被困住了或太癡迷嗎？不是的。事實很簡單。就像你現在所擁有的美好關係在肉體死亡後依然會繼續存在，這些來自前世的關愛也是如此。當然，並不是每一次輪迴的每一段關係裡的人物都會在這世回來，畢竟每個人都有他（或她）自己的任務、計畫，以及要實現的目標。儘管如此，那些和你在這一世再次聯繫的靈魂都有它們的原因。

要認識所有這些靈性存在，你必須要有你在練習開發直覺能力並與任何靈魂嚮導合作所要具備的同樣能量、注意力和洞察力。而其中最重要的促成元素，就是信任。

在與指導靈合作時，你必須學習去信任每一種細微差異、認知、感受、印象、想法和象徵。你可能不知道它們的意義，但你需要在每個事例中建立起信任。如果你對你的感覺起了懷疑或輕忽之心，那表示你可能受限於專門疑問和判斷的左腦，因此對你的前世嚮導和現世導師關上了大門。

你可以在與指導靈溝通時培養信任感，也可以在日常生活中練習。信任感的培養就跟培養任何習慣一樣：你做得越多，就會變得越容易，並漸漸成為本能反應。因此，要練習傾聽你的心和你的前世嚮導，並相信你所感受和知道的是真實的。

前世嚮導

為什麼會有人如此努力地想學習如何與前世的靈性嚮導接觸？過去的已經過去了，難道不能放手？如果過去有種種艱難和辛苦，不去挖掘豈不是更好？

正如你從本書其他章節所學到的，故意忽視困難或壓抑痛苦——不論它們是來自於前世或今生，很少（或根本無法）有任何幫助。話說回來，即使你信誓旦旦地要從歷史中掙脫出來，並透過業力課題成長，又為什麼非得努力去連結靈性嚮導呢？

事實上，想完成業力課題，沒有什麼比接近你的前世嚮導更必要的了。這個情形就像當你要簽合約時必須聘請律師，有健康問題時，必須求助醫生一樣；或是當你有了什麼麻煩或想分享歡樂時，總會想與家人一起。也許這些互動沒有什麼是絕對必要——但它們不僅重要，而且很有幫助。你所有的靈界指導之所以出現（不論是來自前世或今生），都是為了幫助你、引導你，並且關愛你。所以，為何不培養好跟他們的關係呢？他們不僅在現在為你而來，他們也會一直如此。而且，他們會以自己的方式，為你帶來獨特的天賦、才華及意圖。

這些靈魂在今生幫助你的方式跟前世的角色十分相像。前世的母親和祖母會協助你目前「母親」型態的關係，她們也會照料和看顧子孫。前世的同事或生意夥伴常會在事業上助你一臂之力，而前世的配偶也會協助你的情感層面。你所有的前世嚮導——來自較高領域的光體——都可以是你的靈性導師和幫手。

不論他們分別有怎樣的天賦或為你帶來怎樣的幫助，他們都有一個共同目標：盡所能地幫你發現、療癒及釋放前世事件及任何可能的創傷。如果你開啟心靈歡迎他們，他們的任務將會容易許多，而且你的進步也會更大！

接納你的前世嚮導

即便你已經很有經驗地能夠找出前世嚮導要跟你分享的事，你療癒業力的任務並未就此結束，你必須去了解並改變與業有關的基本信念及情緒。這些靈性幫手可以幫你度過混亂，但是了解和放手的工作還是要你自己做到。

不過就如同人們常說的：「養大一個孩子，得靠全村人。」要培養一個全新的你，也需要靠團隊的努力。這個團隊包括你、你的靈魂，還有你的靈性嚮導和靈性導師（包括前世和今生）。此外，那些你現在認識的人，可能在前世就和你有所交集，而他們現在帶著課題出現在你的生命（不論是讓人喜歡或討厭的課題）。

有時候，我的心靈能力也幫助了客戶發現並了解這個過程的某些部分，但改變仍要靠他們自己。對於業的功課，沒有作弊這回事！

當你開始採取行動認識靈魂和心靈層面時，你就打開了一扇門，讓所有的靈體更接近你，而且你也可以更清楚地察覺到他們的存在。你的前世嚮導就像你其他的心靈伙伴一樣，一直都在那裡。

練習1 是誰在那裡？

現在請閉上眼睛，你很快就會看到或感受到有位前世嚮導站在你的左邊。你知道自己認識他／她。你完全能夠覺知到對方的服裝、身材、性別，甚至是對那個人的感覺。信任你所感受到的每個細微感受。他或她要跟你分享的訊息是什麼？

你可能一開始時無法感受到這位嚮導，但經過練習後，你會發現，每次你跟你的嚮導們接觸後，你的感知能力會越來越強。而你需要做的是：

1. 不要使用你的左腦——不要懷疑、不去猜忌，也不要去揣測。
2. 使用負責感知及想像的右腦，讓自己覺察到每個細微直覺。
3. 相信你所經驗到的一切——從最具體的影像或想法，以至身心最微妙的差別。

你可以在任何時候跟你的嚮導快速連結，或是在冥想中和他們一起合作。現在，就讓我們來嘗試這樣的一個想像。你可以將下列過程錄音，在你處於更深層次的放鬆狀態時播放。

練習2　想像你看到自己和前世嚮導在一起

預備

閉上眼睛，讓自己放鬆。深吸一口氣，然後吐氣。再一次深吸一口氣，然後吐氣。

當你釋放所有緊張後，你感受到自己進入一個越來越深沉的放鬆狀態，你輕鬆地吸氣和吐氣。現在開始倒數，從3數到1。每數一個數字，你會發現自己越來越放鬆。

3：感受你的肩膀、手臂、脖子、頭和臉慢慢柔和了，你的思緒放空，身體也放鬆了。隨著每一次呼吸，你越沉越深，進入到身體中心的一個光點，這裡就是你永恆不朽，永遠不會受到傷害的自我。

2：感覺到你的胸部、背部，以及身體所有其他的部位都放鬆了，身體變得越來越沉。你很容易地便進入那美麗的內在光明——那個洞悉一切的自我，它信任每一個你感受到的答案、影像和想法。

1：完全放鬆，你現在怡然自得地在你全知的永恆自我裡休息，這個部分的你，能夠感知到所有畫面和細微差異，沒有任何懷疑或猜忌。

旅程

當你維持在放鬆狀態，你會開始感受到某個存在。它是在你附近某處一個發光的靈魂，它經常和你同在——不但存在於各個前世，也存在於各前世之間不受時間影響的空間裡。感受這個充滿愛的靈魂現在正接近你，即使你看不到或體驗不到所有細節，也要試著認真感受這個神奇存在體的出現。

當這個存在溫柔地將他或她的手搭在你的肩膀上時，你可以感受到一股美妙的能量。現在，花點時間去看去感覺，並感受到這個滿懷愛的存在給你一個神奇的擁抱。

現在，這個神奇的存在牽起你的手，請用心去感受。你感覺自己站了起來，跟著他或她一起走在一道長廊，你甚至覺得自己像在凌波漫步。讓自己隨著這個神奇的存在，一起走進有著許多扇門的美麗大廳裡。

現在，你直接走向的那扇門，會帶你來到前世，那裡有你需要知道的有關現世的一切。你的嚮導打開門，你們一起走進那個你們以前相聚的時空。你注意到自己的服裝改變了，身體也改變了，你的嚮導也改變了。現在你已經進入了自己的前世。

你站在那裡，走廊不見了，你完全融入在前世的時空。花點時間，去感受那裡的感覺。看看自己，注意自己的性別、身體，以及穿著怎樣的服裝。同時也留意有關前世嚮導的一切。

在那個前世，你的年紀多大？你是男性還是女性？信賴第一個浮上你心頭的答案。現在去察看或感受一下你附近的地區，你身處何處？氣候如何？是溫暖或寒冷？潮濕還是乾燥？也注意一下那裡的草木，你所看到的動植物的情形？

現在你和前世嚮導開始走向你以前居住或工作的地點，請儘量注意其中的細節。當你走向這個地方時，你的嚮導會跟你分享在那一世有關你的種種人際關係。比如哪個人是你的配偶、父母、孩子、朋友或老師，你對彼此之間的感覺又是如何？當你們繼續往下走時，感受彼此的連結。

很快你就會來到一個地方。你在這個地方的經歷、事件或人際／情感關係，不僅影響到當時的你，同時也影響了現在的你。當你進入這個地方時，你的嚮導也跟著你進去。不論這裡是洞穴、教堂、維多利亞風格的住家，或是簡陋的小屋，你都要進去這個你曾經住過或工作過的地方。你一進去後，就會立刻感受到這裡曾經發生過的事，以及這些事在你的生命中的重要性。現在花點時間，去收集有關這個地方的資料，包括在這裡發生的任何事情。

你在這個空間的感受如何？這裡曾發生過什麼事，而它又意味著什麼？還有別的人和你在一起嗎？他們可能是你現世所認識的人嗎？當你在探索此時此地時，要相信你所想起的事情。

現在我們要開始結束這裡的一切。做個深呼吸，讓自己更放鬆。不論你是在前世的哪一處地方，你都會看到有另一個靈魂接近你。這是一位新的前世嚮導，現在他來到你身邊。這個美麗的光體是你在前世的心靈導師，他有一個要幫助你進化的愛的任務，他也會在你的靈性層面和更重要的目標上助你一臂之力。

這個層次更高的前世嚮導一抬起手，你們就瞬間置身於一個曾經一起探索靈性的前世；在那裡，他或她的深刻理解和教誨，引領你接近一個更高層次的真理。現在，讓自己去看及感受所有一切。你人在哪裡？有別人和你在一起嗎？你在那裡做什麼？想什麼？有些什麼感受？

等你看到及感受到一切後，這位嚮導牽起你的手，陪你一起走回現世。你現在已經完全回到了現在這一刻。花點時間想想這一世的你，問問自己，有哪些模式是你不想要，卻依然在運作的？請留意出現在心裡的第一個答案。你能否辨認出任何來自前世，卻繼續在這一世的童年或成人期運作的負面經歷？如果可以認出，是與誰有關？它們還在運作嗎？是否有來自前世，至今仍反覆出現的有害行為及情緒？對於這所有問題，你的靈魂嚮導都會給你答案。

仔細想想有哪些想法、肯定語或新的行為，是你可以帶到現世生活，一勞永逸地改變那些舊模式。想一句肯定語，或甚至只是一個行動，取代那些你不想要的老舊思想、行為及模式；你的靈魂嚮導也會在這方面幫助你。

結束

現在，從1慢慢數到3。你身體的所有部位會越來越有覺知，而且你不會忘記你在前世看到的每一個細節。

1：慢慢地把自己帶回來。你感覺到你的肩膀、手臂、背部及胸膛，不要忘了你這一趟獲得的深刻理解。
2：當你回到現世的此時此刻，你會感知到你的全身。
3：你現在完全回來了，你感覺非常清醒，你可以睜開眼睛了。現在，用心體會你跟至今依然愛著你、照顧你的前世嚮導之間重新開啟的快樂連結。

主導前世探索的過程：一宗案例研究

正如你所見，你的前世嚮導很像是你前世之旅的駕駛教練。他們不僅引導你抵達前世，還會告訴你產生業力功課的是哪些事件。

最近，我在為個案喬瑟夫進行前世今生的解讀時，他問我，他的腳踝不適是否跟某個前世有關。我立即就看到喬的一位前世嚮導，他穿著海軍制服，我同時也感知到他們兩個人在一艘桅杆大船上的影像。我不清楚是因為暴風雨還是戰役，甲板上似乎發生了緊急事件，每個人都忙亂地做著自己的工作。喬穿著船長的服裝，而那位前世嚮導站在他身邊，似乎是他的大副。忽然間，有一根如樹幹般粗的帆桁從高處衝撞下來，不偏不倚地打中了喬瑟夫。他身上有好幾根骨頭都被打斷了，而他的下半身，包括小腿、腳踝及腳掌更是完全粉碎。

喬因為受創嚴重，雙腳必須截肢，他因此失去了摯愛的海上生活。他的餘生只能在陸地上度過，他非常不快樂，總是若有所失。他曾經自我期許，要當航行全世界的船長，這樣的生活會帶給他快樂與滿足。因此，在無法航海後，他需要為自己找到一個新定義，重新詮釋自由並建立新的目標——但這些事，在那一世都沒有發生。

我跟喬瑟夫分享了這些畫面。他告訴我，他以前是飛機駕駛員，因為腿部問題太嚴重，現在已被拒絕駕駛飛機，他再次被放逐在陸地上。喬現在了解，他必須重新以發自內心的自由、愉悅和幸福來定義自我。這是他釋放業，並引領自己重新尋回不受限制的人生的關鍵。

我很高興能跟喬瑟夫分享我所看見的前世畫面，但你不必去找靈媒才能遇見你的前世嚮導。任何時候，當你需要他們時，他們就在你身邊，預備向你透露和你現世有關的前世歷史。你所要做的，就是召喚他們，並且打開你不受時間限制的心智，接納始終都存在的靈魂嚮導。

第十一章 放手去嘗試！

潛入那深沉，有時甚至莫測高深的永生之海時，可能會令人畏縮。但在同時，它也可以是令人感到由衷興奮及難以估計的珍貴！而從這個冒險所產生的改變，將會為燦爛的未來打下基礎。

我們回溯過往的原因，是因為要繼續向前。我們之所以會經歷痛苦或歡樂，是為了要學習、感受、了解及成長。並不是所有的功課都意味著痛苦，但如果你發現自己處於不快樂的狀況，你可能也同樣是在學習！

無論你現在可能正在經歷什麼，你的永恆自我都能清除在前世所建構的情感或情緒障礙。正如同本書個案所經歷的一樣，一旦你了解自己的業力功課，你就可以完全自由地重新定義生命的方向。將所有過去的事件一一反轉並非必要，你只需去建構一個純淨且永恆的新認知就可。

當有了這麼做的意圖，你所打造出的因果關係，就會在意識和現實中產生相當可觀的改變。透過清除過往錯誤的認知並重新引導你永恆靈魂的力量，過去、現在和未來都可在一瞬間轉變。當你與靈魂的選擇一致時，你將會進入一個神聖所在，而在這裡，永恆的進化會成為你唯一的動機。

運氣來來去去，你要常抱感恩之心

雖然本書主要是在探究什麼樣的前世問題會成為我們現在的障礙，但生命裡還是有很多好事在等候我們。任何愉快或能帶來益處的經驗，都可能發生在你我身上，我們必須懷抱感恩的心去認知和接受它。即使是對生活中的小小成就，也要抱持感恩的心態，感恩是非常重要的能量，它不但能在這一世，也能在未來產生效果。發自內心的真誠感謝，總是能立刻帶來更多值得感謝的事情，也為未來種下善因。

遺憾的是，我們今日經常看到人們把注意力聚焦在所缺少的東西上，而且只鎖定一個主題——例如金錢或愛情。而如果他們在這個主題未能獲得滿足，其他事情似乎就變得都不重要了。他們忽視了健康、家人、喜好，以及他們每天能夠體驗到的所有美好的小小事物。他們以匱乏的心態來看待一切，執著於情愛、金錢或成功，將所有的能量都用在悔恨自己的不足上。

就業力來說，這種過度專注於缺憾部分的情形，原因通常可以追溯到前世的反轉經驗。在那世，你可能曾經有過許多成功的經驗，後來成果卻在一夕間被奪走。若是男女情愛，命運反轉的經驗不是遺棄就是背叛。在這些案例裡，個案從來沒能走出失去所愛的陰影，那一世的許多時間都花在渴望和痛苦上。

這樣的能量會成為慣性，如同我的個案史提夫的例子。史提夫來找我是為了找出一直以來阻礙他在事業上成功的原因。雖然他早已透過景觀規畫的事業過著舒適的生活，但他還是需要太太的收入，才能供兩個孩子上大學。他覺得自己如果無法獨力供養兩個孩子的教育，就像個失敗者一樣。事實上，他已經讓自己陷進一種渴望與自我評斷的悲慘狀態裡。

我們進行了一次針對性的回溯催眠，直接回到久遠前的一世。在那一世，史提夫曾是義大利一位成功的地主，擁有很多土地和豐饒的葡萄園，甚至還有一小支軍隊。當時那個地區大小戰爭不斷，不幸的是有一次他選錯了邊，他的土地在戰敗後被沒收。身無分文的他終其餘生都在渴望收回失去的土地——但他一直沒能如願。

這個經歷被編碼成情緒和認知模式，強烈影響了他現在的生活。第一個編碼是他對偉大的渴望，因此除了功成名就，其他都不能令他滿意。第二個前世編碼連史提夫自己也感到驚訝，但這種情形我已屢見不鮮。在某個深沉且隱蔽的心靈層面，我的個案竟然相信，對他來說，擁有很多錢並不安全。前世的恐怖經歷及其帶來的貧困後果，讓史提夫得到「財富會使我成為目標」的結論。他還認為，財富是短暫的，到頭來總會帶來某種災難性的後果。

既渴望財富，又想讓收入維持低調以保障安全，這種互相矛盾的意圖被帶入這一世，而這兩種能量卻是相當極端。現在的他需要釋放他對財富拚命追求的意圖，並重寫他的錯誤結論，認知到他的成功會很安全。他在運用了本書提到的所有技巧後，變得比以往快樂和滿足許多。不知是因為他充滿愉悅的新能量，或是因為清除了舊編碼，他的生意開始穩定成長。

愛情關係裡被遺棄和失去所愛的案例，也會造成無止境地拚命追求愛情。許多時候，孤單的人往往會對某個對象很執著，而且似乎無法放下那個人。在這些案例常會發現，個案這世沒有結果的愛情對象，曾經在某個前世拋棄過個案，而被拋棄者現在仍試著改變情勢。

如果你發現自己處在這種擺脫不掉的渴望模式——無論是對金錢、愛情或任何其他事情——你必須放下目前的負面和消極心態。暫停下來，把注意力放在你已經擁有的好運。花點時間把所有的幸福列出來，並儘可能有意識地去感謝，次數越多越好。這不是新時代譁眾取寵的噱頭，而是改變意識的意圖及能量。當你從「匱乏」感受轉換成另一種價值感時，你在業的療癒之路也邁出了一大步。

你可以透過回溯催眠來找到業的源由並釋放不想要的模式；釋放痛苦和渴望，重新編寫場景和結論。使用肯定語肯定自己已不受過去的束縛，並把活出信任、快樂和充滿感恩的現世生活列為優先。

你也可以使用本書附錄來處理今生或其他前世的任何問題。但不要忘了要認知並享受當下的每個愉悅時刻，以及承諾自己每天都要創造出更多的快樂。透過清除過去、擁抱現在，未來將任你遨遊。

如何使用本書附錄

我強烈建議，在閱讀附錄前，請先讀完這整本書。我和另兩位撰稿人都舉了不少不同的例子，這會有助你編寫自己的計畫。附錄的練習過程都經過特別設計，為的是帶你體驗第九章所描寫的步驟，所以如果沒有時間，請先至少讀過第九章和第十一章。

如果你將附錄製作成音檔，請確定在不會被打擾時聆聽。絕對不要在開車時播放這些按步引導的冥想，或是在參加應該保持警戒的活動時嘗試。肯定語則可以應用在其他程序或單獨進行。

肯定語、回溯催眠、重新編寫及前進未來的方法都會在附錄裡詳細介紹。我們也提供了具體的建議和個案研究來幫助你應用這些重要的技巧。當你閱讀每個步驟時，思考你的意圖。你想要探究怎樣的模式或人際關係？你想要釋放或療癒的現世問題又是什麼？

所有的過程都是安全、相對容易且具目標性的。將你的擔心及期望都放下，並且信任你的靈魂會指引你得到有助療癒和成長的重要資料。只要放輕鬆並樂意去學習，這個過程就會更加容易。你的高我渴望你療癒並活得快樂。當你進行每個過程時，請將意圖謹記在心，你將會對美好的成果大感驚喜。

每一次的冥想都包括造訪你自己的聖殿（Sacred Temple）。這是一個和平寧靜的所在，在這裡你可以放鬆地跟靈魂連結——不論是你或他人的靈魂——並得到你可能需要的任何答案。我經常使用這個「聖殿冥想法」；每當你要尋求平靜、清明或靈感時，我非常推薦你使用這個方法。

附錄1：聚焦的回溯催眠

在我看來，要取得前世資料，最有力及最讓人信服的方法，就是透過回溯催眠。當你體驗過前世的事件及情緒後，你會深刻地感受到它的真實性，而且你可以察覺到它是如何與你現在的情況相互呼應。

有些人只要想到催眠就會覺得很不舒服。他們擔心會失去控制，或是當他們想叫停時卻無法停止。他們並不了解催眠只是一種深度放鬆，大腦在那時的頻率會進入α波，意味著你的心智對於要取得的資料和想連結上的能量領域在那時最為開放。

當使用回溯催眠來獲得前世訊息時，一般人通常會擔心自己的前世是個「壞人」，曾經做過可怕的事。他們也擔心在催眠時會體驗到的情緒，懷疑自己到時是否會不知所措。

然而，你並不必擔憂這些。因為在催眠時，你一直是在掌控的狀態。你可以在任何時候喊停，讓自己回到現在的時空。你越是了解催眠，你就越能放鬆，並且更容易接收到詳細的訊息。

當你在做聚焦回溯催眠時，通常會回到某個前世的一個重要場景。在附錄中會有一小段引導文，帶你回到最早的那個經驗（跟你想解決的問題或人際關係有關）發生前的幾分鐘。你會以「沉浸式的體驗」（immersion）或是「旁觀」（observation）的方式得到你要的資料。

如果你是透過沉浸式的體驗來感知，那麼你是親歷其境。你會發現自己就處於那個身體、情緒和個性——也就是你在當時的性格。你透過那一世的身體來觀看一切，比如當你視線往下，你會看到自己所穿的服裝、雙手和雙腳，但除非你靠近一個可以反射的平面，例如水面或鏡子，否則你無法看見自己的臉。

而在旁觀的情形，你目睹事件的發生，就像電影在你的心靈之眼播放一樣。你會知道你是什麼樣的人，你也能夠看到在那段經歷中的自己。即使沒有鏡子，你也可以看到自己在前世的模樣。即使你不在當時的那具身體，你依然可以從前世自己的觀點感受到事情的經過與其中的情緒。

在這兩種情形，資料都能順暢流動。即使你只是處於那一世某個特別的時間，你仍有在那特定的時間點之前所發生的一切的記憶。譬如，你可能在回溯催眠的過程中收到配偶的一封信，即使你那一世的配偶並未現身，但你依然知道他（她）的長相，你們之間的關係以及你對他（她）的感覺。

這兩種感知前世的方式都是有效且確實的，而且沒有任何跡象顯示從其中一種方式搜集到的資料會比另一種方式更真實。有些人甚至完全沒有「看見」任何東西，他們只是有一種強烈的感知，而他們得到的訊息也一樣真實。

多做練習和冥想可以強化你在回溯催眠時的感官能力。如果你完全沒有得到任何資料，你的感官能力也會增強。要有耐心地持續冥想，並按部就班地照著附錄上的內容進行。慢慢地，你會發現自己越來越敏銳，對那些你需要的訊息更有感知能力。

當你得到所要的資料，思考一下它與你現在生活的關聯。看看你能否認出出現在那一世的人在現在這世所扮演的角色。買本日誌，專門用來記錄你在冥想時得到的印象，並隨時補充任何細節。

當進行回溯催眠時，你對前世議題的專注會開啟一道通往更豐富訊息的入口。在那之後，不論任何時候，當你的腦波處於 α 波狀態時——不論是在睡覺、做白日夢，或甚至在做日常工作——你也許會為你收到的資料大吃一驚，比如有關前世的經歷、其中涉及的課題，或是跟你現在面臨的問題有關的明確訊息。

許多人在第一次進行回溯催眠時，對於所發現的事情常會抱持著懷疑的態度。有的人認為這可能是自己編造出來的，認為所揭露的訊息只是出於他們的想像力。如果這是你的反應，你必須再問問自己：「我跟它們有共鳴嗎？——尤其是在情緒、意義和結論方面。」如果你可以因此想出需要學習的課題，並了解它在現世的應用之道，那麼，你可以相信，這個訊息就是你的業力指示。

就我的經驗而言，無論是進行回溯催眠或解讀，我所得到的資料都很鮮明且重要，而且完全無法預期，我無法把它們看作是毫無事實根據的幻想而不予理會。不論我們是否得到了所有的正確細節，重要的是過程本身以及它要達到的目的——解碼前世，並且改變現在的我們。

有些人會因為他們接收到的資料而找到拖延的藉口。那些發現他們在前世是受害者的人，有時會認為他們在現世也無法做出改變。他們認為模式一定會重複，因此他們在現今的世界還是無能為力，然而，情形正好相反。他們之所以會收到那些資料，正是因為他們能夠因此改變前世編碼，並有能力一勞永逸地擺脫惡性的循環。

同樣的，如果發現前世的作為有違道德，或甚至在今天就是犯罪行為時，這一類的事實揭露會使某些人有很深的自責意識。他們的罪惡感讓他們得到這樣的結論：就是因為我以前做過那些壞事，才不配在這一世享受好東西。

絕對不要因為你在前世的錯而責備或挑剔現在的你——那只會使業更惡化。你必須了解，以當時的時代、文化，以及你的個人歷史，你在那時已經盡己所能。因此，原諒自己吧！這些重要資料並不是要讓事情變得更糟，它們會出現是為了幫助你進入一個更遠大開明的視野——提升你的覺知能力，並為你的現世生活注入力量。

記得，回溯前世的重點不在於內容的好壞，而是為了使你進步，因此這樣的揭露是必要的。就靈魂而言，你真正的成就是來自於你對慈悲、榮譽及真實力量等課題的回應。

附錄2：釋放及重新編寫

這個過程的目的就是當你處於某個曾讓你感到無能為力的情境時，使你得到力量。你甚至可以重新編寫這一世的事件，雖然你可能需要重複做好幾次才能得到你尋求的效果。

這個程序相對簡單。首先，你可以透過引導進行回溯催眠，蒐集你特定的前世資料，你也可以藉由解讀、有反應的聯想、夢境，或其他方式取得需要重寫的情境。然後審慎去思考這些事件——尤其是那些你能從現世中辨識出來，而你並不想要的模式或人際關係。

在進行重寫的冥想時，讓自己回到原始事件發生的場景，並明白此刻是你的永恆意識在主導。這一次，想像自己看見事情完全依照你想要的情況發展，並且有個有利的新結局。接著，重新編寫你取回力量的相關細節。改變那一段經歷的本質及事件，並讓重建後的事件有著健康和開心的結果。然後，花點時間享受你所擁有的新力量、權利及價值等嶄新情緒。深吸一口氣，將新的感覺和伴隨而來的正面結論編入你的生命密碼。你可以使用第八章及第九章的肯定語句，或是創造自己的肯定語。最後，在那一世向前邁進，看到自己是一個健康、快樂且充滿活力的人。

重新編寫可以使用在任何情況。只要改變一些細節，並看到自己在一個情況得到解決的新局面裡。譬如，如果你曾在某個前世被人從後面刺了一刀，你可以先觀想看到自己的氣勢完全壓過那個人。你也可以看到你的攻擊者閃到一旁，然後逃逸而去。或者，你也可以只是轉過身告訴那個人，傷了你對他沒什麼好處，然後看見那個人同意後就走開了。

如果你需要重新編寫的原始情境是：你是個小孩，或是處於虛弱、軟弱等任何一種無能為力的狀況，你可以把情境編寫為看到自己重獲力量，或是身體變得強壯，並且具備了處理當時情況所需的智慧與能力。

重新編寫的目的，是將你較高層次的自我（也就是高我，它在每個事件中總是與你同在）帶到那個經驗裡頭。無論它是智慧、慈悲、平和、勇氣或其他品質，你將它帶到前世事件的意圖，就會改變你和它的核心振動，這會清除以前深植的編碼，並將伴隨而來的情緒及謬誤結論也一併清除。你的重新編寫會建構出一個你可以掌握選擇權的事實，同時也對那一世的選擇、經歷和人際關係注入新的活力。

在開始重新編寫之前，請仔細考慮下列問題，它們都和你想要重新編寫的特定前世經歷有關。我建議你將答案寫在日誌，這會對你更有幫助，因為書寫會產生你想要編碼的那個特定意圖。

＊在這種情況下，我要做些什麼，才能重新取回我的力量？

＊為了展現我真正的力量，以及我對自己和自我價值的信念，我需要表達或必須要求什麼？

＊為了重新恢復我的健康、尊嚴、品德、價值、力量或心靈的平靜，我必須改變什麼樣的行為？

＊我的靈魂想要我學習的課題是什麼？我要如何改變局面，以最有效率的方式學到課題？

＊我能使用什麼肯定語來釋放並重新架構這個經驗？

透過這些問題的答案來設計你重新編寫的場景，你會有充裕的時間來觀看事件如你所期望的展開，而且會有一個有利且充滿力量的結局。在進行前就先規劃好新的情節，做好重新架構事件的準備。重要的是，你要去覺察前世經驗的意義，以及隨之而來的課題是什麼。這樣做的話，你就能改變局面，達到療癒和進化的目的。

要知道，軟弱和僵滯的模式，就像攻擊與耽溺一樣，都會削弱我們的力量。任何無法提供你養分的前世習性——無論它是肉體虐待或令人窒息的關係——都可以被重新編寫。找出原始經驗跟你現在的模式牢籠之間的關聯性，然後建立療癒這兩者的意圖。

附錄3：前進來世

拜訪過去是可能的，一窺未來也不是無稽之談。雖然沒有任何事情是注定的，但你確實可以由你目前的境況，知道你未來生活的可能樣貌。

不過，「一窺未來」的意圖，還是得回到改變你永恆意識的目標上。探索未來，可以提供你現在應該做些什麼以及如何去做的線索。我的一位個案就是如此。她生完兩個孩子後，體重增加很多。她的婚姻美滿快樂，雖然體重問題讓她很煩惱，但尚未造成任何健康上的問題。

當她的催眠進行到未來世時，她看到自己是個胖小孩；這是她在這世沒去解決的肥胖問題。她看到自己受到嘲笑及奚落，孤單又沮喪，她在那世一直未婚，後來還得了糖尿病。

這些畫面把她嚇壞了，使得她積極地想處理肥胖問題。她以前也試過節食等減肥方法，但這次她的動機不但強烈了許多，而且也成功了。在她減掉體重並改變了每天的飲食習慣後，她又做了另一次前進來世的催眠。這一次，她看到來世的自己是一個健康的孩子，順利成長、墜入愛河，不必再去面對那些因肥胖而導致的挑戰。

事實上，這是對窺見未來的一個常見反應。雖然你可能只是短暫造訪，但這短暫的印象，確實可以改變現世及未來。當你從來世帶回療癒的意圖，你就有能力改變一切！

前進未來的療程，是專為探究現在的問題會如何影響未來而設計的，這是一條打開通往來生潛在訊息的路徑。你能夠以你所能了解的方式來觀看或感受細節，並將這個領會應用在這一世。這個方法也能用來查看阿卡西紀錄，這個廣大的資料庫可隨時供你使用。放下你的懷疑，開放心胸，接受你所收到的影像與細節。

不要擔心你在催眠中會發現什麼事，這個過程很安全，而且你看到的事件會跟你在催眠開始時所指明的現世問題有直接關聯。如果你看到一些會令你困擾的事，即使非常輕微，你可以立刻就打斷那個場景，馬上進行重新編寫。記得，未來在未來的潛能場振動，而且不存在所謂的絕對必然性，所以不要太當真。影響那些遙遠事件的因素如此之多，而多數都與你決定現在如何生活有關。請牢記，你有創造自己命運的力量。

也請記得，這個療程是以現在的模式來協助你探究未來，而不是用來預測未來，所以你不應該用來查探你是否會得到升遷，或是同一棟樓的那個新來的男士是否會約妳出去等等。這些問題的答案，也有可能在未來的潛能場中振動，但是還有其他的方式可以用來探究那些可能性。

前進來世的催眠有它更深層的意義，而且當你造訪阿卡西紀錄時，你將會發現可用來催化你現在所需療癒的寶貴資料。你真誠想要與相關的未來產生連結的意圖，將會開啟那扇門，而且你的靈魂將會懷抱著愛指引你，引導你得到你所需要的訊息。如果在這個過程中你得到需要改變的建議，都請開放心胸，你將會為你達到的自由及自我掌控而驚奇不已。

規劃你對來生的意圖永遠是個好主意。你可以寫下計畫，並在你進行來生冥想時運用。我的建議是，有個大致的意圖即可，不用太過細節。例如，如果我想要來生再嫁給現在的先生，這個意圖可能會和他想在來生當個教士的靈魂計畫有所牴觸。雖然他想要獨身的念頭，在我現在看來有點好笑，但是將我的渴望寄望於他人的來生，勢必會讓我大受挫折。因此，為了避免與來生的未知細節產生問題，我會以下列方式寫出我的來世意圖：

＊來世的我將會快樂、健康及滿足。我會出生在一個充滿愛與安定的家庭，我將會在鼓勵、慈悲及關愛中成長。我將會擁有一個愉快的童年，以及健康長壽的一生。

＊我將會和這一世鍾愛及支持我的人開心地重聚，我們的團圓將帶來彼此間的榮耀及愉悅。

＊我將會住在一個優美的環境裡，有充足的財富。我的一切活動，包括工作、嗜好、興趣等等，都會對我意義十足且成果豐碩，使我樂在其中。

＊我的情感／人際關係將是健康且愉快的。如果我想要，我就會找到一位很棒的配偶，建立和睦的家庭；而且我們會一起攜手共度健康及快樂的生活。

＊我的人生在精神、心智及情感上都能獲得滿足。我的身體、心智及靈魂，在健康、智慧、靈感及啟發上都會得到無盡的賜福。

＊其他種種……都能心想事成。

這只是對未來想要什麼的一個範本。我個人並沒有花費很多時間在這上面，但它值得寫下來。這也是一個很有幫助的提醒，告訴我們現在就可以建構這些意圖。我們不用去強迫自己怎麼想，但是我們可以讓心與頭腦對未來的想法保持開放。我們可以思考：我們現在所做的哪些內在改變，可以幫助我們建立一個更光明的未來。

附錄4：業力療癒的肯定語

在很久以前，當有人使用「豁免債務」一詞，便意味著債務被一筆勾消。當我們在處理不健康的業力關係及模式時，這會是一個很有效用的意圖。這個意圖可用來將舊紀錄清除乾淨，並使自己從敵視、恐懼及不健康的執著心態釋放出來。

有時在遇到困難時，我會使用這些肯定語：

＊我豁免所有的業債，並要求我所有的業債也被豁免。

＊我釋放任何和這個人、這個習慣或這個情況有關的業力連結或執著。我是自由的。

當有人對你抱持敵意，或你對他們感到生氣或怨恨時，這些釋放業力的意圖會特別有幫助。倘若你有段關係剪不斷理還亂，你也可以想像聖光（Divine Light）的美麗雙手帶著一把金色剪刀，剪斷了那使你盲目的線頭，同時也剪斷業和你的執著。當你在做這個觀想時，祝福那個人，並且放他自由。你看到能量的線頭被剪斷，並且看到那個情境和那個人平靜地飄走，你因此覺得獲得解脫和療癒。

記得，要改變業，你也必須放下得自前世事件的有害結論。這些有缺陷的信念——前世或今生與你有關的謊言——是你現在許多問題的最主要來源。當你了解了你的價值與力量的真相，這樣的認知可以超越業的難關，並且療癒前世、今生及來世等能量。

使用下一頁的肯定語來療癒你在今生和前世曾做出的謬誤結論。你的生命是一個進化過程，它從未靜止不前。運用放下和釋放的能力，並透過這些用於釋放及自我賦權的肯定語在人生中前進：

＊我釋放來自前世經驗的任何負面能量。
＊我釋放因為那些經驗而做出的任何負面結論。
＊我不再受到錯誤訊息的限制和矇蔽，我活在自己的力量及真理中。
＊我開放自己，擁抱我的靈魂的價值、力量及理解力。

改變，永遠不遲

帶著意圖進行時間旅行所發揮的力量會令你嘆為觀止。有一個全世界都知道的故事。在狄更斯的《小氣財神》（*A Christmas Carol*）一書中，愛錢如命又鐵石心腸的史古基過著悲慘的生活。他在心不甘情不願的情況下，跟隨三個精靈分別進行了三次極具啟發性並促成他內在改變的真相之旅。

首先，他拜訪了過去，看到及了解他為何會變成這樣子的「因」。然後，他在探究現在的情況時，開始了解他的內在模式必須改變。最後，他去了未來，察看所有的因如何演變。當他不喜歡在那裡見到的「果」時，他回到了現在，帶著深刻的決心要反轉他一直生活於其中的錯誤模式。

這是一個美好又感人的故事。它是如此出色，精準地鼓勵了我們好好檢視自己的過去、現在及可能的未來（這也讓我相信，這個作品是透過聖靈完成的）。不論我們深陷的模式會是什麼，我們一樣可以有自己的頓悟。在這個改變生命的覺悟中，我們可以知道我們必須做些什麼，並且激發這麼去做的意願，而如果我們可以抗拒回到舊習慣的誘惑，我們就可和史古基一樣，為自己打造出一個充滿喜樂和創意的命運。這正是靈魂所渴望的——為我們自己和他人釋放過去的障礙，療癒現在，並創造一個充滿力量的未來。

其他的療癒之路

連結前世事件以解決現在的問題，雖然可以獲得相關資訊，有時甚至是必要的做法，但並非總是非做不可。而且，你也確實不必為了解決問題，在每次事件發生後都得再度來趟前世之旅。療癒有許多方法，要清除沉滯的能量——即使是來自久遠之前的前世——也有許多方式。我鼓勵你去了解並使用接下來的方法，以便協助並加速你已經在進行的任何療程。無論你是要突破障礙，或是為身體、心理，甚至財務問題尋求解決方法，你想要清除舊振動的意圖並接納療癒能量的心態，將會協助你達成目標。

能量醫學

這是透過能量經絡、脈輪及身體系統來進行療癒的一種效果強大的方法。在《能量醫學》一書中，作者唐娜．伊頓將能量形容為一種充滿活力、會移動的力量，它可以決定一個人的健康及快樂。如要達到並維持所有層面的幸福，重要的是讓這股能量能夠和諧流動，並與其他系統保持平衡。

遺憾的是，這一世和其他世的壓力、矛盾及紛擾，會堵塞我們的能量，或使能量滯留在某個特定的脈輪、器官及經絡裡。能量醫學就是一種化解堵塞，讓我們的生命力能自由流動，以便治療被影響部位的一種非侵入性另類療法。

這種療法讓你不用知道前世的相關事件，就能帶來治療效果，因為它是藉由許多不同類型的身體和能量介入而達到效果，例如拍打、按摩、調順經絡、運動、姿勢及意念導引等。然而，不論你用的是哪種方法，在過程中，那些久遠的記憶可能會以出人意料的方式浮現。

唐娜曾經說過一個淨化脈輪的故事。她當時正在為一名老婦人淨化心輪，忽然看到婦人的某個前世——一名男性鋼琴家。終其一生，他的創造力及對表演的渴望都被扼殺。唐娜不禁哭了起來，她感受到那段經歷所滯留的悲傷。當她跟婦人說出她看到的事情，婦人也開始哭泣。她告訴唐娜，她彈鋼琴彈一輩子了，但因為總覺得自己彈得不夠好，所以都在獨處時才彈。她壓抑自己的才華，這正是她感到悲傷的源由。雖然她一直是被過去世所影響，但在知道原因後，她現在已經能夠放下內心的哀傷了。

如果你很想移除舊能量，我高度推薦唐娜的書及她的研討會，其中有很多特殊的技巧，不但實用且容易上手，可以處理許多不同的問題。我這麼說，是因為我也曾因此受惠。

能量心理學

釋放僵滯的模式，還有一個非常有用的方法，就是能量心理學。它用於清除恐懼、焦慮及其他的情緒問題特別有效。再次重申，探索前世知道源由，並非總是必要的程序，因為特定的問題會在這一世再次顯現出來，因此也可以被視為現世問題處理。

能量心理學中有個重要的實務操作，稱之為情緒釋放技巧（Emotional Freedom Technique，簡稱EFT）。這個療程會在指壓點上（即穴位）輕敲，送出信號到腦部，並因此改變一個人的情緒狀態。這似乎簡單到不可置信的地步，但它卻是效力強大的工具。當我們的心智誘發了一個心理問題後，在特定穴位輕敲，可以改變大腦的化學成分，讓大腦正常回應。

許多人因此發現，透過大腦，我們可以為情緒及行為模式重新編碼，而且效果卓著。在這個過程中，訊息可以來自最深層次的靈光，讓長期以來的負面回應得以釋放，並以健康的認知取代。

在范士丹博士（David Feinstein）與唐娜・伊頓、柯瑞格（Gary Craig）合著的《能量心理學的承諾》（*The Promise of Energy Psychology*）一書中，范士丹博士解釋了此一療程的效果，並敘述了一些非常成功的案例。其中有個例子，他檢視了錯綜複雜的層層訊息後，看出要穿越層層障礙下探到最深層次，可能需要一次以上的療程。

在這個案例，個案是在發生車禍意外後前來進行情緒治療。不知何故，他的焦慮始終沒改善；後來在一次追蹤療程時，他們發現了新線索。當個案再次描述自己的經歷時，第一次提到他聞到了燃燒橡皮的氣味。他說，他五歲時，曾目睹一起車子撞毀的車禍，而那個味道至今還深植在記憶裡。顯然地，這件往事和他現在的焦慮之間的關聯必須被清除，才能療癒他持續存在的擔憂。

從這方面來看，不論是情緒釋放技巧或能量醫學，治療的本質都與重新編碼前世問題類似。你也許能夠以簡易到令人驚訝的手法和速度，完全治癒深沉的情緒問題，或甚至身體的問題。不過，你也可能發現有些問題必須探究得更仔細，並且更持續地努力才能獲得你想要的徹底解決。

一旦你了解到，深藏於心的憂慮會對你的人生經驗造成多大的影響時，你就會同意尋求解決之道確實值得努力。目前將情緒釋放技巧和能量醫學納入療程的執業人士並不少見，他們還應用了一些有效的做法，例如針灸、按摩、靈氣，以及具療癒效果的觸摸等。這些實際操作都可幫助移除舊能量，讓生命力回復平衡、保持活力和流動。如果這些技巧或其他療法能引起你的共鳴，你不妨更深入探索它們對於你想療癒的問題所能提供的幫助。畢竟，你的靈魂來此，就是為了要向前邁進，並儘可能以最健康的方式，為你的生命帶來平衡、啟示及平靜。

追求靈魂真相，永不停步

把握每個機會去追求並活出我們靈魂的真相，這是我們稱為「人生」這場歷險的終極目標。然而，要在任何的既定情況下正確辨識出其中的意義並不容易。不論是前世編碼或當下的挑戰，你的靈魂都會被驅動去面對相關的課題，但我們自己也必須要願意這麼做才行。

數年前，當我的第一本書即將出版時，我就學到了一課。當時我已經自行出版了一本簡明版的《吸引力法則的祕密》，但是當出版社決定要出版那本書時，我必須擴充內容到幾乎兩倍的篇幅。

剛開始為書增添內容時，我的下顎忽然痛了起來，而且逐漸往上移到我的太陽穴和前額，令人疲憊的頭痛讓我根本無法思考。每一次我想要下筆，都會被這種強烈的身體反應拖住。下顎痛和頭痛的模式，持續了好幾個月——直到我決定要處理疼痛的問題。

我做了一次回溯催眠，看看是否跟某個前世有關，而我的發現令我震驚。時間很明顯是在基督教早期，當時的我投入宣教，經常長途跋涉，對任何願意傾聽的人傳播福音。那一世的我是個女人，有趣的是，在當時，女人過著這樣的生活是很不尋常的事——教會由男人掌控，女性被歸類為從屬的身分。

在我的回溯催眠中，情況逐漸明朗——我惹怒了當地教會的一些執事人員。我被逮捕，並以異端邪說受審，結果被判有罪。為了防止我再去傳教，他們割掉我的舌頭，我再也無法說話，靠著乞討和別人的好心施捨而度過餘生。

這次的回溯催眠，雖讓我的情緒波動很大，卻也知道了真相。我憶起了那時的恐懼，甚至還感受到刀子割開下顎的疼痛，以及深沉的絕望、貧困及孤單。此外，我還記起了那個強大的結論：表達信仰是危險的，任何公開的宣示，最後都可能會是一場大災難。

這些身體症狀和相關的前世記憶就在我準備公開出書，表達我對靈性的見解時出現了。雖然我也曾自行出書，但這些前世的結論並未在那時被觸發。這次不一樣，透過出版社的對外發行，我即將被推到舞台，曝光在所有人的面前，這些曾經具毀滅性的思想再也不能靜靜地隱藏在生命編碼裡了。

在我本身仍未意識到時，我已經被這些相互矛盾的意圖淹沒。一部分的我很興奮，想著要傳播我的想法，讓更多人聽到；另一方面，我那曾經受過傷害的自我，卻要我安全至上，甚至讓我的頭和下顎疼痛，使我無法完成這次的出書計畫。至此這個課題很明顯了，那就是我必須了解，表達真正的我是安全的。

於是我將恐懼、疼痛以及所有不實的設想，統統釋放。我知道，我真正想要做的是放下那些已被編碼，讓我困在其中的經歷。我想，它可能已經在許多方面影響我的專業生涯好一陣子了。我甚至想知道，「保持安全」的舊意圖，對我多年來無法順利找到出版社的潛在影響有多大？

做了那次的回溯催眠後，終於讓我朝向有意識的意圖前進。我當時便決定了，從今以後我要勇敢說出我的真理，同時還要幫助別人做同樣的事。從那一刻起，我欣然接受這就是我的靈魂指令，而下顎痛和頭痛也不藥而癒。我甚至不用進行重新編寫的程序，我只是釋放出奠基於恐懼的舊編碼，此後就再也不曾發生過類似的身體問題。

對我而言，這是非常寶貴的一課。雖然頭痛讓我很難捱，但它同時也揭露了一個深刻且持久不變的個人目標。我的靈魂要我勇於表達自己、在與他人合作時也是如此。知道了前世的事，對我是一大解脫，因為我再也不會讓恐懼來破壞我的平衡。而且，我感覺我的溝通和表達充滿了前所未有的力量與決心。前世的經歷再也無法限制我。事實上，現在是它賦予了我力量！

你同樣可以透過你的前世經歷——即使是艱困的過往——得到力量。你可以使用那些資料協助你做出選擇，並將能量聚焦在嶄新和健康的方向上。當事情和你被編碼的意識有關時，知識確實就是力量，它可以喚起成就偉大事情的內在力量。

生命長河如織錦

生命多采多姿，有高峰就不免有低潮，就像織錦，深色的線會讓明亮的顏色更能跳脫；而在我們的生命織錦上最晦暗的部分，也依然閃耀著美麗和富有意義的細節。我們必須記得的是，我們就是編織的人，我們把每一段經歷的色彩與明暗編入其中。當下的覺知以及依心之所向做出的選擇，不僅改變明天，也會改變所有未來的時間風景。

每一次的轉世都是珍貴的，每一個人生課題都是禮物。不論經歷是好是壞，愉悅或悲傷，沿途所獲得的力量與啟發，都會讓你的旅程更加美好。在你永恆的生命裡，你總是與神聖意識同在。請用心感受在你內在流動的光明，它從久遠的前世而來，朝著未來而去，它點燃你現在的意識，使你投入療癒、平衡與真理中。

讓你的意識回歸到永恆不變的真理，這是每個生命課題的一部分。你的美好和價值再也無法被否認，在你所有的夢想當中，你的最高目標就是認知到這個真理。活出神聖的記憶，去感受神的心就在你的心內跳動，這些就是讓美夢成真的永恆真理。一旦你被這內在的光輝意識喚醒，你那深不可測的生命藍圖將會一覽無遺地展開；而你將會知道，你能夠得到驚人的療癒、力量，並過著喜悅的人生。

附錄

回溯催眠操作手冊

練習1：焦點回溯催眠

歡迎進行焦點回溯的療程。

首先，你要做的是挑選一個議題、一段關係，或是情緒或身體上的困擾，任何一種你想獲得更多相關資訊的現世模式。選定你想努力的問題後，讓自己放鬆下來，把一切擔憂置之腦後。專注在你的問題，這樣的單純意圖會引導你的意識，帶來你所要尋找的資料。

你在整個過程中將會保持平靜及放鬆，讓資料自由流動，你會在一旁自在地觀看這個經驗並觀察你的感受，以及這個前世事件是如何影響了你今世的問題。

即使你沒有看到前世事件的細節，你還是能感應到發生了什麼事。即便一開始你的意識層次上似乎沒有任何事發生，你還是可以放心，因為重大的轉變正在潛意識進行，這是你深層模式存在之處。

現在，調整自己的姿勢，一個能讓自己好好放鬆的最舒服的姿勢。

你的身體慢慢鬆懈了下來，放鬆再放鬆，做個深呼吸，再一次深呼吸。現在把眼睛閉上。等一下我會從100開始倒數，當我這麼做時，你會清楚看到或感覺到數字就在你的面前。當數字越來越少，你會感覺到自己越來越放鬆。當我數到95的時候，所有的數字都不見了。你變得很放鬆，放鬆到你無法專心在數字上。現在，在我倒數時，你只要保持平靜和放鬆，就會看到或感覺到數字。

100，你整個身體進入了深度放鬆狀態。你感覺有暖流流過你的臉，放鬆了你的前額、眉毛和下巴，這股暖流慢慢往下移動到你的脖子和身體。

99，你感覺自己越來越放鬆，整個身心都非常輕鬆。你的肩膀垂垮了下來，手臂的所有肌肉都放鬆了。

98，你覺得很難專心在數字上，肩膀和背部更輕鬆了，所有的壓力都排掉了。

97，現在你覺得整個人好輕鬆，暖流流過你的身體，往下流到你的雙腳，一直到你的腳趾頭。它放鬆了你全身的所有肌肉，釋放了所有緊繃，你覺得你的腿和腳趾一直往下沉。

96，你非常放鬆，覺得好舒服好平靜。你現在甚至不再去想數字了，你已經把數字都丟在腦後了。

95，你更放鬆了，數字都消失了。所以就別管數字了，把一切都放下，在我繼續倒數時，讓你的整個身體更放鬆。

94，你感到非常平靜和放鬆，整個身體也隨著你的心緒輕鬆了下來。你感覺你的身體往下沉，很輕鬆很平靜。

93，整個過程中你都很安詳平和，身心一起放鬆的感覺非常舒服，非常棒。

92，你全身的肌肉都已經放鬆了。暖流帶著你繼續往下沉，往下沉，進入了一個寧靜又平和的狀態，一個接納一切的狀態。

91，現在把一切都放下，你覺得好平靜好放鬆。當我數到90的時候，你已經準備好前進，並且全程保持在這種深度平靜的放鬆狀態。

90，你感覺非常平靜和放鬆。你已經放下一切。你的身心完全自由，完全平和，而且會一直如此。現在讓自己更放鬆，你會開始看到或感覺到你正走在一條安靜的花園小徑，你的周圍都是盛開著花朵、散發甜美花香的樹木。

當你繼續往前走，你注意到這條路引領你通往一間美麗的殿堂，一個屬於你的神聖殿堂。你的神聖殿堂明亮又美麗，這個寧靜的完美處所反射著燦爛的陽光。當你越走越靠近，你能把它看得更清楚。它可能有白色的大理石圓柱，或是紋理分明的大理石牆面，也或者是在陽光滿溢的庭院裡有著開滿花朵的棚架。也許，它完全由水晶或明亮的光所建成。現在給你自己一些時間，想像屬於你的神聖殿堂會是什麼樣子。

你看到它的美麗，感覺到神聖意識的存在，以及愛的柔和能量充滿了整個地方和周遭的空間。當你踏進你的神聖殿堂，你發現裡頭有讓你可以坐著放鬆的地方，而且整個殿堂充滿了聖光。你也注意到殿堂裡有通往其他房間的門或拱門，這些房間也都充滿了光。

這是你的神聖殿堂，一個你可以連結高我，並接通你所需要資料的神聖所在。你在這裡，還可跟靈魂世界、天使界、你的指導靈、大師、家人和朋友聯繫。

在這個特別的地方，你可以在時間中穿梭，知道有關過去的事，甚至是很久很久以前的事；你也可以在這裡檢視未來的所有可能性。你從中獲得訊息及啟發，找到平靜和內在的力量。每當你需要放鬆、連結、接收指引或啟示時，都可以來到這裡。

現在，當你環顧這個美麗、寧靜的地方，你注意到面前有一條通道。這條走道通往你的過去，你已經準備好要往這條走道走去，接收你所需要的資料。我現在將要從6倒數到1，當我倒數時，你會看到也或許是感覺到，自己正走向這條通道，隨著數字越來越小，你會回到更早的時候。

走道的盡頭有一道門，那扇門可以前往過去的經歷，也就是你今天所關注的問題起源。它可能是這一世的過去經歷，或者是前世的經歷，也或許來自一個全然不同之處。允許自己往前回溯，回到過去的時間。你感到非常自在和安全，你知道你將會獲得解開現在問題所需要的資料。

6，你順著走道走過去，感覺非常自在和放鬆，你將走回過去，回到你關注的那個問題或情況最早進入你氣場的前幾分鐘。當你走在走道時，你覺得越來越放鬆。

5，你往你的過去前進，回到更早的時候，你感覺好輕鬆好自在。你的神聖殿堂一直充滿溫柔的愛。你知道你是在一個安全、舒適又放鬆的地方。

4，你回到更早的時候，你平靜地走在這條走道上，當你往過去前進時，你保持著一貫的冷靜和放鬆。

3，當我數到1的時候，你會發現自己站在一扇門前面，這扇門可以通往你心裡那個特定問題最早發生的時間、地點和經歷，你已經準備好要去接收你需要的訊息，這些資料可以幫你釐清現在的問題。你知道你是安全的、被保護的，你只要觀察和接收訊息就可以了。你主控整個局面，而且只要你想，你可以在任何時候回到你的神聖殿堂。

2，你已經回到更久遠的過去，繼續保持冷靜和放鬆，你感到非常平靜。你正在接近走廊盡頭的那扇門，你知道當你踏進那扇門，就會回到問題最初發生的時間和地點。你會蒐集到各種有趣的資料。讓自己繼續保持完全的放鬆。

1，你現在走進了這扇門，你的感覺是如此平靜和放鬆。你已經回到問題發生前的幾分鐘，你將會從前世的角度知道一切，你也能夠看到或感覺到你周圍的人和環境。

花點時間確定你的所在位置，慢慢環顧周遭。一開始，你可能看到或只是感覺到這是什麼地方，當你觀察這個經歷的細節時，請保持冷靜和放鬆。現在，讓自己更深入觀察周圍的環境，得知更多細節。你是在室內或是戶外？

如果你是在戶外，那是怎樣的地形？你能夠感覺出這是一天中的什麼時間嗎？或甚至是哪一年？現在花些時間看看自然環境、天氣、風景，或你周遭任何有意義的重要事物。如果你是在室內，房間是哪一種構造或風格？有家具嗎？如果有，又是什麼樣子？你感覺得出那是什麼年代或地點嗎？從室內裝潢或房子的外觀風格看得出來嗎？

現在花點時間對這個地方蒐集一些資料。這些資料可能會以一點一點的畫面或文字，或以一種感覺出現。用些時間去感覺這個地方的能量。在你繼續繯顧四周時，蒐集一些關於你自己的資訊：看看你的衣著，你穿的是哪種服裝？是男性還是女性？是小孩或成年人？

瞧瞧你的雙手與雙腳：你有佩戴任何珠寶首飾嗎？如果你有穿鞋，是哪種款式？你慢慢會開始感覺到你的長相、工作及經歷。現在停下來仔細想想這一切，感覺你是誰，以及你置身在怎樣的情境裡。

當你對發生在身邊的事知道更多細節後，你甚至可能會有情緒湧上心頭。這些都是重要的資料。

你附近有人嗎？如果有，他們在做什麼？有什麼事正在進行嗎？你在其中是什麼角色？現在，給自己一些時間體驗這個過程，你會以一種深化的覺知力知道你蒐集到的細節的意義。當你對發生的事有更多了解後，注意這個情境給你什麼樣的感覺，不論是在心理或情緒上。

你知道你可以安心地感覺任何湧現的情緒，如果出現任何負面或不舒服的感受，花些時間準確辨認出那是什麼感覺，不論它是恐懼、悲傷、無力感、痛苦或任何一種難受的情緒，你都能夠完全放下。現在，做個深呼吸，並確認自己正在釋放那個負面感受。

任何時候只要你想，你都能離開當下的情境，回到你的神聖殿堂，這個充滿著寧靜和愛的地方能讓你永恆的靈魂平靜和自在。然而，你也可以選擇繼續留在那個情境裡，觀察整個經歷並釋放你的感受，你會發現你從這個經歷所得出的結論——無論是對自己、這個世界或任何涉及其中的相關人士。你甚至可能會知道他們在你這一世的身分，以及他們和問題的關聯性。現在，讓自己好好放鬆，觀察並察覺到這個情境所代表的意義。

現在，請放下那個特定的情景，讓自己再往後回溯，看看事情是如何結束的。看看結局時的你怎麼了，你也許可以看看這個經歷中的相關人士怎麼了。找出事情的結果，以及它是如何影響你的那一世。當你觀察那些影響時，花點時間感覺有沒有什麼信念或意圖被帶到了這世，它或許是跟你的力量，或你應得的，或是你的價值和其他事有關。

問問自己，這些想法在現在是如何影響你。然後深深吸口氣，慢慢吐出來。現在，花些時間回顧這一切。當這麼做的時候，你會開始感覺到頻率的轉換，以及一種深刻的解脫感。你現在對事情有了更深的了解，你知道你能夠改變那些來自遙遠過去，可能一直影響著你的老舊模式和不健康的結論。

等一下我會從1數到5，你會發現自己慢慢回到了這一世，以一種新的平靜感和理解力觀看這個經歷，你會覺得你更自由，而且更有力量。你會記得你所看見、所感受的一切，而這些資料將會幫助你改變和療癒你現在正在努力處理的問題。

當我從1數到5的時候，你會慢慢地回來。

1，現在你慢慢地回來了，你知道這個回溯已經啟動了意識、甚至是潛意識的改變，這個改變已經開始在你目前的生活成形。

2，你正回到現在的時空，你感到非常平靜和放鬆，也知道你已經有了重要轉變，不論你在回溯時體驗到什麼。

3，在接下來的幾天、幾個禮拜或幾個月，你將會得到更多資料，這些資料跟你的前世影響有關，你會對要怎麼做才能使你的今生產生重要改變，有了更深入的了解。

4，你正回到現在的時空，你完全釋放了前世的所有負面感受及結論，你將會運用你獲得的知識，對你的現在和未來做出有益的改變。

5，慢慢舒展你的身體，深呼吸後，睜開你的眼睛，回到現在的時間和地點。持續保持自在和放鬆的狀態，你覺得深受祝福，對事情有了新的見解。你知道你正在改變頻率，並將你的人生導向有益的新方向。

練習2：釋放及重新編寫

歡迎你展開第二階段的療程。

你想要擺脫老舊編碼意識的意圖，將會為自己重新打造出一個自由、有力量及療癒效果的新編碼。一旦你蒐集到了過去的資料，不論是經由先前的回溯或是透過解讀、夢境或其他任何來源，你都能針對某個特定經歷重新進行情境編寫，並轉變原先經歷所發展出的情緒、結論和情勢。

由於所有的時間都同時存在，因此你能夠回到過去，並重新引導過去經歷的主要元素，創造出具有力量和正面的新結果。在你開始進行這個步驟前，先花些時間決定你想讓這個事件在重新編寫的過程中如何發生，以及你想要有什麼樣的結果。

如果你還沒想過，請閱讀本書十一章跟重新編寫有關的部分。先決定你要如何重寫過去的情境，讓它療癒及釋放你在這一世的有害模式。現在的你有能力透過取回你在前世經歷裡的力量，來轉變因此衍生的問題。

你的永恆意識現在正在主導，使你能夠展現出高我的特質，比如力量、勇氣、冷靜、智慧，或是任何你用來改變過去事件，以及現在和未來方向所需要的特質。

現在先做個深呼吸，並閉上眼睛。我現在要從10倒數到1。當我數到1的時候，你會發現你來到了屬於你的神聖殿堂——那個你在回溯時看到的美麗又燦爛的殿堂，這是心靈的處所，一個平靜、充滿創意且具有力量的所在。

10，讓自己放鬆，隨著數字越來越小，你會越來越放鬆。放空，清除腦袋裡的所有想法。當你越來越放鬆，這些想法就像一朵朵雲般地飄走了。

9，你現在進入更放鬆的狀態，放鬆你的額頭、眉毛和下巴。現在，你的臉、頭皮和頭部的所有肌肉都放鬆了。

8，你越來越放鬆，越來越平靜，有股能讓你放鬆的暖流從你的頭部往下流到你的肩膀。你的肩膀鬆垮了下來，手臂也放鬆地往下垂，所有的緊繃都排除了。

7，你感覺到你的意識飄移到你的心。你覺得非常平和、輕鬆，你期待來到屬於你的美麗又寧靜的神聖殿堂，你已經準備好要重新編寫過去的經歷了。

6，你的整個身體現在越來越放鬆，你的意識、細胞、記憶，所有一切都是平靜的。

5，你越來越放鬆，進入了深沉的放鬆狀態，你不受干擾地飄浮在你美好的神聖殿堂之上，殿堂平靜安謐。現在，讓自己隨著倒數的數字越來越放鬆。

4，你感覺到一股放鬆的暖流流經你的身體，來到了背部，你的背部肌肉都放鬆了。接著你感覺到這股暖流流過臀部和雙腳，一直流到你的腳趾。

3，所有的緊繃現在都已經遠離了身體，你感到好平靜好放鬆。當我數到1時，你會發現你已經來到了你的神聖殿堂，準備好要回到前世，回到你想重新編寫的過去。現在，讓自己保持冷靜和放鬆，當你進入更深沉的放鬆狀態時，你正朝著你那美麗又寧靜的神聖殿堂走去。

2，你覺得非常平靜也非常放鬆，整個過程中，你的狀態都會如此。你知道一切都在你的掌控中。

1，你發現自己已經到達神聖殿堂，你以熟悉又自在的感覺踏進這個美麗和平靜的地方，你知道在這裡有神聖意識及宇宙的愛全力支持你。

現在，當神聖殿堂的寧靜包圍著你時，你注意到先前那條通往前世的走道。你知道你可以重訪那個時空的那個特定事件，而這一次，前世的那個經歷將會完全不同。這一次，它將被你引導到一個有力量的、健康的新方向。

因此，你要以更放鬆的心態沿著走道回到過去的時間，一直走到盡頭那道門，那是通往你要重新編寫的那個前世經歷的門戶。

我現在將要從6倒數到1，隨著數字越來越少，你會看到自己越來越輕鬆自在地走在這條走道上，期待著以從未有過的力量和資源，用嶄新的方式重塑昔日事件。現在，你平心靜氣地慢慢走向走道，你知道自己正要為你的人生帶來實質的改變。

6，持續保持平靜和放鬆的狀態，一步一步地更接近過去。你走上走道，期待著去改變那個過去的事件。

5，你繼續走在神聖殿堂的走道上，當我數到1時，你將會回到跟上次同樣的時間和地點，置身在類似的情境裡，但這一次，事件的結局會不一樣。

4，你繼續在時間裡前進，你感覺到完全放鬆，心情平靜而且有具體目標。你現在主導著一切，是你在掌控全局。繼續保持冷靜和放鬆，你知道一切都在你的控制之下。

3，你繼續沿著走道走下去，安全又自在地回到了過去，回到那個事件的場景，但這一次，你會有正面又健康的快樂結局。

2，當我數到1時，你會發現自己已經走到通道的盡頭。你將會回到你想要改變的那個時間與事件，這一次，你會引導它有更好的結果、更快樂的感覺，並得出一個帶給你力量的結論。

1，現在，穿過走道盡頭的那扇門，你注意到自己置身在你想要重新編寫的那個時間、地點和情境裡。這一次的你，有覺知能力，有選擇權，也擁有力量。人們以不同的方式回應你，你也以不同以往的方式回應他們。你將主導這次事件的發展。因此，觀想你想要事件如何發生，取回你的力量，並讓這次的情況以一種健康、快樂及賦予力量的方式解決。現在就開始觀想。

一切都進行得很順利。你現在主導著整個情況，你對事情的發展感到開心。一切都在改變，包括你的感受，以及你對自己的認知。你注意到這些正面感受，都是來自此刻積極正面的嶄新結果。

這個美好、有力的前世經歷已經成為你的新真相、你的新實相。你微笑回顧著這個美好的結果。花些時間好好享受這些嶄新的情緒：力量、價值、快樂、樂觀、平靜、權利及榮耀。現在，深呼吸，你知道自己正在將這些正面的新感受和健康的結論重新編碼到你的意識裡。

這個新結局已經產生了許多正面幫助。你對你的力量、價值和重要性已經建立了正面的新信念，像是：我的人生擁有力量；我是珍貴的、有價值的、有能力的；我是值得的；我是安全又自在的；我活出真實的自我，我說真話；我主導我的人生；我是自由的。

現在，花些時間把你得到的資料應用在你重新編寫的某個特定問題。上述的這些信念，以及你對這個世界的美好和正面信念，現在正掌管你的永恆意識，並成為你自我定義和新實相的一部分，它們會被編碼並刻印在當下的你和你的永恆意識裡。

在深層的振動裡，你認識真正的你，也知道自己的永恆價值、真實的力量，以及創造平靜的能力。感受這些正面的感受和信念，它們現在充滿了你的意識，它們正在療癒你的舊模式，並將在這一世和未來每一世為你帶來力量與平靜。

現在，在我們回到目前的時空之前，不妨花些時間去看一看這些新的經驗如何為那一世帶來成功、健康和幸福。你會看到自己有個長壽且健康的一生，充滿了幸福、成就和個人的滿足感。

花一兩分鐘看著自己正在重新編寫那一世，然後帶著喜樂和滿足的心情往前邁進。

你在這裡已經有了真正的改變，這些重要的改變正在為你這一世的命運播下美好的種子。現在，我將要從1數到3，當我數到3時，你就會回到現在的時間，並帶著新編碼的信念和感受回到現在這一世。

1，你即將回到現在的時空，過去有害的舊影響已經被釋放，而現在賦予你力量的新信念和新感受已經深深編碼到你的永恆意識裡。

2，你正要回到現在的時空，你將會記得你在這裡所經驗到的每一件事，你將透過每天做出真正有力量及榮耀自我的健康選擇，支持自己在這一世的改變。

3，你回到了現在的時空，伸展你的身體，做個深呼吸。慢慢睜開眼睛，你會感覺非常平靜，同時也覺得自己充滿力量。你已經建立了一個新的真相，以及你一直都有權選擇的認知。在接下來的幾天、幾個禮拜和幾個月，你將會感受到你的個人力量及清明感都在成長，它們將會為你的選擇、經歷和你所有的關係帶來更多力量及自主性，現在如此，以後也如此，直到永遠。

練習3：前進未來，改寫來世

歡迎來到前進來世的進階療程。由於所有時間都同時存在，因此觀察你的來世可能會是什麼樣子是一件相當容易的事。同時，也由於未來存在於純粹潛能的場域裡，因此你也可以從現在改變未來。這是一個簡短的聚焦療程，同樣地，你要先想好一個你想要努力改進的現存模式或問題。

你將會短暫一瞥未來，以便獲得能夠幫助你改變現在，並重新引導未來的資料。阿卡西紀錄——所有資料的儲存庫——在你來到神聖殿堂時，將會為你開啟。

你現在對你的神聖殿堂已經很熟悉了，這是一個會讓你放鬆、得到平靜，以及與靈魂連結的地方。

在我從6倒數到1時，請儘量放鬆。當數字越來越少，你會感覺到自己越來越放鬆，漸漸飄回到你的神聖殿堂，那個令你特別自在又平靜的所在。現在，做個深呼吸。

6，放鬆你臉上的所有肌肉，放鬆額頭和眉毛，放鬆下巴和舌頭。所有的肌肉都鬆懈下來了，所有的不安都放下了。

5，你手臂的肌肉現在是放鬆癱軟的，所有的緊繃都排除了。隨著你感覺到自己正平靜地飄向神聖殿堂時，你的整個身體會越來越放鬆。

4，你感覺到一股放鬆的暖流流過你的身體，流到你的雙腿和雙腳，你的腿部肌肉放鬆了。當我數到1的時候，你會來到你的神聖殿堂。你在這裡感到非常平靜和自在。

3，現在，你整個身體都放鬆了，你感覺心裡有股柔和的平靜感，你期待著要前進到你的來世。

2，持續保持在非常沉靜和放鬆的狀態。在整個過程中，你將會一直維持這種沉靜、平和及放鬆的狀態。

1，你發現自己現在來到了你的神聖殿堂，感覺是如此平靜和輕鬆。這是個美麗的地方，一個你永遠都會喜歡，永遠無條件接納你，且能讓你感到平靜和放鬆的所在。繼續保持平靜和放鬆，你看見自己就站在神聖殿堂裡面。你注意到有一道美麗的光從另一個房間散發出來，你走進那個房間，發現一個充滿愛的美好靈魂，也許是天使或指導靈。他會帶你找到阿卡西紀錄儲存庫，那裡儲存著你所需要的一切資料，包括來世的可能經歷。

現在，這個靈魂嚮導做手勢要你坐下，你坐在一張出奇柔軟又舒適的椅子，幾乎像是坐在雲上。接著你的嚮導要你注意對面的牆，你看到牆上出現了一個螢幕。這是觀看阿卡西紀錄的螢幕。

你即將瞥見來世的短暫片刻，你看到的不是這一世的未來，而是你來世的一些片刻。記得，這個聚焦療程的用意，是要你看看你這一世的現有模式會如何影響你的來世。你只需要簡短一瞥就能得到有用的訊息。

當螢幕亮起來，你會看到螢幕上正播放著簡短的畫面，這是你來世可能發生的一些片段。現在，好好看看其中的細節。你是誰？在這個可能的來世片段裡，你發生了什麼事？

你看到的情境，跟你這一世的問題有什麼關聯？請讓自己儘量客觀地觀察，注意發生了什麼事，以及你的感覺是什麼。

任何時候只要覺得不舒服，你都可以指示影片停止播放，然後你會發現自己回到了神聖殿堂，平靜地坐在這位很棒的嚮導旁邊，他愛你而且保護著你。或者，你現在就可以重新編寫這個未來事件，照你想要它發生的情境來設定。

現在，請花些時間看完這個未來事件。播放結束後，畫面逐漸淡出。暫停片刻，好好想想這個未來事件的意義，以及跟你這一世的可能關聯。

現在，你的嚮導告訴你，你有機會重新設定你的下一世。因此，給自己一些時間去觀想你希望的來世。你看到螢幕上的自己就像你希望看起來的樣子，你住在你想要居住的地方，做著你喜歡的事。

當你觀想這一切時，確定你的感情對象是個穩定又有愛心的人，你們之間的關係滋養著彼此。你會非常健康和富足，你具有力量、智慧和慈悲心。請用心感受這個充滿美好情感的來世，在那個未來世，因為跟靈魂深刻的連繫，你覺得充實而心滿意足。

你看到螢幕上的自己開心又活力十足，過著長壽、健康、充實及快樂的人生。

當你看著這樣的幸福，你會意識到現在的你就能開始擁有這些美好的情緒。你可以帶著這些意圖，讓這一世的你充滿喜樂、感激、滿足、力量以及愛自己的能量，並跟靈魂有更深的連結。了解這一切後，你會看到充滿正面未來意圖的畫面和螢幕一起慢慢消失。你現在可以跟你的嚮導說再見了，你知道這位嚮導和天使，還有許多慈愛的靈魂，會一直在那裡支持你。

現在我要從1數到3，當我數到3時，你就會回到現在的時空，你會記得你在這裡體驗到的一切，並保有這些美好的感受。

1，你慢慢啟程回到現在的時空，帶著一貫的平靜及放鬆。你知道你有力量可以為你的人生做主。每一天，你會越來越能主導自己的生活並且榮耀自己。

2，你慢慢回到現在的時空，對自己的永恆力量和價值有更深入的感受。現在，你決定要抱著感恩和滿足的心境生活。

3，睜開眼睛，慢慢伸展你的身體，做個深呼吸，回到現在的時空。你正在把你的個人力量帶回到現在這個時刻。現在的你，擁有來自你永恆靈魂的平靜與智慧。

練習4：肯定語的應用

下面是整理自本書的一些肯定語，這些是針對療癒過去、賦予你力量，並重新引導你的未來而設計的。請複誦每一句話。做個深呼吸，讓你的意識進入你的心，擁抱每句話的真理。

- 我釋放過去因任何經驗而累積的所有負面能量或情緒。
- 我放下源自那些經驗的所有負面想法。
- 我釋放過去或現在對任何人、任何習性或模式的有害執著；我是自由的。
- 我釋放在任何方面說我是沒有價值或沒有力量的所有謬誤結論。不論是現在或永遠，我都是有價值又有力量的。

- 我坦然接受我的靈魂的能力，它知道我的永恆真相和價值。
- 我是自由的，我釐清了對自己的所有誤解。不論是對自己的人生或這個世界，我都是有力量的。
- 我敞開心與我靈魂的智慧、指引以及療癒力量連結。
- 我原諒所有的業債，並要求我的業債也能被原諒。
- 我祝福過去，擁抱現在，並將未來看作是充滿機會的美好冒險。
- 我充滿了神聖意識；上帝的光與愛正在療癒、引導並啟發我。
- 我要過清明、有目標且能自我實現的生活。我清楚知道什麼是真正的我，也永遠有勇氣說真話。
- 我是永恆的；我的人生是個祝福；我從靈魂的觀點看待事情。

【致謝】

謝謝我深愛的家人：Sarah Marie Klingler、Benjamin Earl Taylor, Jr、Sharon Klingler、Vica Taylor、Jenyaa Taylor、Ethan Taylor、Devin Staurbringer、Yvonne Taylor，以及 Kevin和Kathryn Klingler.

我要向賀屋出版社傑出的一群致上無盡的謝意，包括Louise Hay、Reid Tracy、Jill Kramer、Jessica Kelley、Jacqui Clark、Nancy Levin、Richelle Zizian、Christy Salinas、Margarete Nielsen、Donna Abate、Anna Almanza、Laurel Weber，以及這間出版社所有的可愛人兒。我也同樣要對HayHouseRadio.com®的傑出團隊致謝，包括Emily Manning、Diane Ray、Kyle Thompson、Mitch Wilson、Joe Bartlett 及 Rocky George III。你們是最棒的！

謝謝永不知疲倦，努力不懈一直支持我的Noreen Paradise、Melissa Matousek、Rhonda Lamvermeyer 和 Lucy Dunlap。

感謝帶給我靈感的同仁：Gregg Braden、Darren Weissman、Eldon Taylor、Lisa Williams、Donna Eden、David Feinstein、Colette Baron-Reid、Peggy McColl、John Holland、Candace Pert及Mike Ruff。感謝我心靈上的家人：Marilyn Verbus、Barbara Van Rensselaer、Ed Conghanor、Julianne Stein、Melissa Matousek、Tom and Ellie Cratsley、Karen Petcak、Valerie Darville、Esther Jalylatie，以及Delores、Donna和Kathy Maroon，我深愛著你們所有人。感謝我的靈性家人——Anna and Charles Salvaggio、Ron Klingler、Rudy Staurbringer、Earl Taylor、Chris Cary、Pat Davidson、Flo Bolton、Flo Becker、Tony、Raphael、Jude。當然，還有存在於所有事物之中，並以任何形式展現愛的神聖意識。

最後，我想要對你們致上深深的謝意——曾經跟我一起分享美好能量的你們，支持著它們以各種方式出現，為我的生命帶來如此豐富的價值！或許此生我們無緣相見，但我們卻深深地連結在一起。我對你們的感激，筆墨難以形容。願喜樂與祝福永遠與你們同在！

宇宙花園 先驅意識 03

解構前世密碼——你可以改變你的人生

The Hidden Power of Your Past Lives：Revealing Your Encoded Consciousness

作者：Sandra Anne Taylor
譯者：劉永毅
特約編輯：莊雪珠　二版校訂：Stephan
內頁版面：黃雅藍　封面設計：Fiona
附錄翻譯：張志華
出版：宇宙花園有限公司
通訊地址：北市安和路1段11號4樓
網址：www.cosmicgarden.com.tw
e-mail：service@cosmicgarden.com.tw
印刷：鴻霖印刷傳媒股份有限公司
二版一刷：2021年7月　定價：NT$ 380元
ISBN：978-986-97340-9-7

國家圖書館出版品預行編目資料

解構前世密碼：你可以改變你的人生 / 珊卓.安.泰勒（Sandra Anne Taylor）作；劉永毅譯. -- 二版. -- 臺北市：宇宙花園有限公司, 2021.06
面；　公分. --（先驅意識；3）
譯自：The hidden power of your past lives : revealing your encoded consciousness
ISBN 978-986-97340-9-7（平裝）
1.輪迴

216.9　　110009628